인문학이 뭐래? ❼   알면 생생한 세계 전쟁사

글 | 햇살과나무꾼   그림 | 김유   지도 | 하선경
펴낸이 | 곽미순   책임편집 | 김주연   디자인 | 이순영

펴낸곳 | ㈜도서출판 한울림   편집 | 윤소라 이은파 박미화
디자인 | 김민서 이순영   마케팅 | 공태훈   경영지원 | 김영석
출판등록 | 2004년 4월 12일(제2021-000317호)
주소 | 서울특별시 마포구 희우정로16길 21
대표전화 | 02-2635-1400   팩스 | 02-2635-1415
블로그 | blog.naver.com/hanulimkids
페이스북 | www.facebook.com/hanulim
인스타그램 | www.instagram.com/hanulimkids

첫판 1쇄 펴낸날 | 2022년 11월 1일   2쇄 펴낸날 | 2023년 4월 10일
ISBN 979-11-6393-127-0   74900
       979-11-6393-061-7(세트)

이 책은 저작권법에 따라 보호 받는 저작물이므로, 저작자와 출판사 양측의 허락 없이는
이 책의 일부 혹은 전체를 인용하거나 옮겨 실을 수 없습니다.

▪ 한울림어린이는 ㈜도서출판 한울림의 어린이 책 브랜드입니다.
▪ 잘못된 책은 바꾸어 드립니다.

어린이제품안전특별법에 의한 제품 표시   제조국 대한민국   사용연령 8세 이상

알면 생생한
세계 전쟁사

인문학이 뭐래? 7

알면 생생한
세계 전쟁사

햇살과나무꾼 글 김유 그림

한울림어린이

차례

머리말

페르시아의 대군을 물리친 **마라톤 전투** … 8

펠로폰네소스 전쟁의 마지막 전투, **아이고스포타모이 해전** … 21

마케도니아의 **알렉산드로스 대왕**, 페르시아 제국을 멸망시키다 … 31

무적 로마 군단을 물리친 한니발의 **칸나에 전투** … 42

카이사르, 파르살루스에서 폼페이우스 군을 대파하다 … 50

항우, 사면초가의 궁지에 몰리다 … 59

조조의 20만 대군을 섬멸한 **적벽 대전** … 67

훈족의 기세를 꺾은 아에티우스 장군의 **카탈라우눔 전투** … 80

십자군을 물리치고 예루살렘 탈환에 성공한 살라딘의 **하틴 전투** … 91

칭기즈 칸, 호라즘 대제국을 무너뜨리고 실크로드를 다시 열다	101
오를레앙의 잔 다르크, 신의 이름으로 포위망을 뚫다	112
바다에 다리를 놓아 난공불락의 성을 공략한 콘스탄티노플 전투	123
미국 독립 전쟁의 분수령이 된 요크타운 전투	138
나폴레옹 최후의 결전, 워털루 전투	147
인도인의 민족정신을 일깨운 세포이 항쟁	158
자연과 함께 싸웠던 아메리카 원주민의 리틀빅혼 전투	168
청일 전쟁의 흐름을 바꾼 황해 해전	181
제2차 세계 대전에서 가장 참혹했던 스탈린그라드 전투	190
사상 최대의 육해공군 합동 작전, 노르망디 상륙 작전	199
미국을 궁지로 몰아넣은 베트콩의 구정 대공세	208

참고 문헌·사진 출처

머리말

전쟁사를 돌아보며
인류 평화의 길을 찾다

인류의 역사는 작고 덜 복잡한 사회에서 크고 복잡한 사회로 나아왔습니다. 서로 다른 문화가 격렬히 대립하고 충돌하면서 갈등을 빚었고, 그 과정에서 생기는 문제를 전쟁이라는 폭력적인 방법으로 해결했습니다.

수많은 병사가 참혹하게 목숨을 잃었으며, 자기 집단의 생존과 승리를 위해 상대를 무참히 짓밟고 파괴했습니다. 한편으로는 전쟁을 통해 다른 집단의 문화와 격렬하게 접촉함으로써 역사의 전환점을 맞기도 하고, 서로 이질적인 문명의 통합을 통해 더 큰 제국을 건설하고 점차 거대한 문명권을 형성함으로써 세계화된 오늘날에 이르렀습니다.

이 책은 인류의 역사에 가장 직접적인 영향을 미친 전쟁사를 통해 전쟁의 배경과 그 당시 정치·문화·종교 등을 알아보고, 인류가 전쟁으로 무엇을 얻고 무엇을 잃으며 오늘날에 이르렀는지 살펴보고자 합니다.

정복을 통한 문화 융합의 결과로 헬레니즘 시대를 열었던 알렉산드로스 대왕의 페르시아 정복, 동방 문명을 접한 유럽의 각성과 도약을 이룬 십자군 전쟁, 잔인한 정복 전쟁으로 유라시아 문명을 하나로 묶었던 칭기즈 칸의 대원정, 독일을 궤멸시켜 제2차 세계 대전을 끝내는 계기를 마련한 스탈린그라드 전투, 세계의 반전운동을 촉발시키며 미국이라는 거인을 무너뜨리고 새로운 사회를 향한 흐름을 낳았던 베트남 전쟁 등을 통해 인류는 많은 것을 파괴하며 스스로 원하든 원치 않든 새로운 문명의 흐름을 열어 왔습니다.

신영복 선생님의 《담론》(돌베개, 2015)에는 우크라이나 키예프의 드네프르강 언덕에 서 있는 전승기념탑 이야기가 나옵니다. 제2차 세계 대전 때 숱한 희생을 치르며 독일군을 막아 낸 것을 기린 이 전승기념탑은 총칼을 든 군인과는 거리가 먼, 아주 작은 여인상이라고 합니다. 전쟁에서 이겼다는 것은 '적군의 진지를 탈환하거나 점령하는 것'이 아닌, '전쟁에 나간 아들이 집으로 돌아오는 것'이며 '아들이 가장 잘 보이는 언덕에 어머니가 서서 기다리는 것'임을 의미하기 때문입니다. 인류의 전쟁사를 돌아보며 생명의 존귀함, 사랑하는 이들과 일상을 함께하는 소중함을 생각하고 평화의 길을 찾았으면 좋겠습니다.

불행한 전쟁의 역사는 지금도 끊임없이 되풀이되고 있습니다. 이 책의 이야기를 통해 인류가 전쟁으로 얻으려 했던 것은 무엇인지, 무릇 전쟁이 아닌 다른 해결 방법을 찾을 수 없었는지 냉정하게 돌아보았으면 합니다.

이 책은 딱딱한 글이 아닌, 이야기 형식으로 쓰여 있어 누구나 쉽게 읽으며 중요한 역사적 사건을 이해할 수 있게 되어 있습니다. 이 책에 실린 이야기를 통해 역사적 상식을 쌓고, 역사를 먼 과거가 아닌 오늘의 문제로 새롭게 읽어 낼 수 있기를 바랍니다.

〈인문학이 뭐래?〉 시리즈는 글로벌 시대를 살고 있는 우리 어린이와 청소년들이 단순히 지식을 얻는 데 머물지 않고, 세계를 바라보는 더 넓고 깊은 시선을 얻기를 바라는 마음으로 썼습니다.

르네상스의 거장 라파엘로는 "이해한다는 것은 동등해진다는 것이다"라고 말했습니다. 이 시리즈를 읽으면서 우리가 어렴풋이 알고 있거나 한 번쯤 들어보았으나 깊이 생각해 보지 않았던 오래된 이야기들을 꼼꼼히 짚어 보며 상식을 쌓고 인식의 지평을 넓히기를 바랍니다. 어른이 되어서도 두고두고 꺼내 읽는 책. 이 시리즈가 그런 책으로 독자들 곁에 머물렀으면 좋겠습니다.

햇살과나무꾼

페르시아의 대군을 물리친
마라톤 전투

기원전 490년 9월 4일, 아테네 군사 위원회에 모인 장군들은 페르시아 함대가 마라톤 해안에 도착했다는 소식을 전해 듣고 일제히 한숨을 토해 냈다. 드디어 올 것이 오고야 말았다. 서아시아 지역을 통일하고 최고의 군사력을 자랑하던 페르시아는 그리스의 여러 도시 국가*들에 사신을 보내 페르시아의 속국이 되라고 했다. 그러나 아테네가 사신을 죽여 버리고 속국이 되기를 거부하자, 분노한 페르시아가 아테네를 정복하기 위해 바다를 건너온 것이었다.

아테네는 곧바로 스파르타에 지원군을 요청했다. 스파르타는 그리

---

* 도시 국가 '폴리스'라고도 한다. 고대 그리스는 크고 작은 수백 개의 도시 국가로 이루어져 있었다. 대표적인 것이 아테네와 스파르타이다. 아테네가 상공업을 중요하게 여기고 시민의 자유와 권리를 옹호했다면, 스파르타는 농업이 주요 산업이었으며 모든 시민들이 거의 일생 동안 군대에서 철저한 통제 속에 지냈다.

아테네의 아크로폴리스 (레오 폰 클렌체, 1846년)

스의 도시 국가들 가운데 군사력이 가장 강했다. 하지만 사정이 있어 2주 후에나 지원군을 보낼 수 있다고 했다. 아테네 군사들은 모두 동원해 봐야 1만 명밖에 되지 않았다. 페르시아군에 맞서기에는 턱없이 부족한 수였지만 아테네 장군들은 싸우기로 했다. 그러나 '군사력이 뒤지니 아테네 방어에 힘을 쏟자'는 쪽과 '마라톤 평야로 나가 전면전을 펼치자'는 쪽으로 의견이 나뉘었다. 군사 위원회의 최고 결정권자인 칼리마코스 장군은 결국 마라톤으로 나가 싸우자는 주장을 받아들이고 밀티아데스 장군에게 군사 지휘권을 주었다.

창과 방패를 들고 흉갑을 두른 아테네 중무장 보병 1만 명은 즉시 아테네에서 북동쪽으로 약 40킬로미터 떨어진 마라톤 평야로 향했다. 아테네군이 마라톤 평야에 도착했을 때 다티스 장군이 이끄는 페르시아군은 마라톤 해안 동쪽에 진을 치고 있었다. 보병 2만 명, 기병 5,000명에다 해안에 수만 명의 수병들을 태운 수송선과 전투선 수백 척이 정박해 있었다.

페르시아 진영을 본 밀티아데스 장군은 아테네로 들어가는 길목인 마라톤 해안 서쪽 산기슭에 진을 쳤다. 페르시아의 주력 부대인 기병대는 넓은 평야에서 치르는 전투에 능숙했으므로, 기병대가 쉽게 작전을 펼칠 수 없게 하기 위해서였다.

과연 생각대로였다. 페르시아의 다티스 장군은 우세한 병력으로도 산기슭에 있는 아테네군을 공격하지 못한 채 시간만 끌고 있었다. 밀티아데스 장군도 병력이 열세였던 터라 공격을 자제하고 스파르타 지원군을 기다리는 쪽을 택했다.

대치 상태가 계속되는 동안, 양쪽 군사들의 사기에 큰 차이가 나타나기 시작했다. 페르시아군은 전쟁에서 한 번도 진 적이 없었던 터라 사기가 높았다. 하지만 아테네군은 갈수록 사기가 떨어졌다. 지쳐가는 아테네군을 보고 밀티아데스 장군은 하염없이 스파르타 지원군만 기다리고 있을 수는 없다고 생각했다. 이가 없으면 잇몸으로라도 싸워야 할 형편이었다.

밀티아데스 장군은 바로 전술 회의를 열었다. 적은 수의 아테네군이 많은 수의 페르시아군을 이기기 위해서는 지금까지와는 다른 전술이 필요했다.

그동안 아테네군을 비롯한 그리스군의 보편적인 전술은 밀집 대형 전술이었다. 밀집 대형(팔랑크스)은 중무장 보병의 대표적인 진법으로, 병력을 가로 여덟 줄로 밀집해서 사각형이 되게 배치했다. 전투를 치를 때 앞줄의 병사가 쓰러지면 뒷줄의 병사가 빈 곳을 메우며 전방을 공격했다. 이 진법은 적과 정면으로 맞부딪칠 때는 강력했으나, 양옆이 적의 공격을 받으면 신속하게 대응하지 못하는 약점이 있었다. 이 약점을 극복하기 위해 밀티아데스 장군은 양 날개를 강화한 양익 포위 대형을 내놓았다. 아테네군을 셋으로 나눠 중앙에 약한 병력, 날개에 해당되는 좌우 부대에는 강한 병력을 세우고, 전투가 시작되면 양쪽 날개를 합쳐 페르시아군을 포위해 공격하자는 것이었다.

"페르시아군은 전통적으로 좌우에는 약한 병력, 중앙에는 강한 병력을 배치합니다. 우리의 양익 포위 대형은 페르시아군의 병력 배치와 반대되는 것입니다. 페르시아군의 허를 찌르는 것이니 함정에 빠질 것이 분명합니다."

다른 장군들은 밀티아데스의 전술에 감탄했다.

전술 회의가 끝난 뒤 막사에서 나온 밀티아데스 장군은 저 멀리 페르시아군 진영을 바라보았다.

'양익 포위 대형은 아테네 병사들이 처음 경험하는 것이다. 그러나 한마음으로 뭉쳐 싸운다면 처음이라는 것이 문제가 되지는 않을 것이다. 우리가 군사의 수에서 밀리지만, 이 또한 적의 병력을 분산시키면 해결할 수 있다. 그렇다면 어떻게 페르시아의 병력을 움직이게 할

것인가?'

밀티아데스 장군은 고민했다. 그런데 페르시아군의 병력 분산은 힘쓸 필요도 없이 이루어졌다.

기원전 490년 9월 11일 아침, 페르시아 기병대* 전부와 보병대 5,000명이 함선에 오르기 위해 움직이고 있었다. 대치 상태가 길어지자, 조급해진 다티스 장군이 바다를 통해 아테네시를 공격하기로 하고 절반에 가까운 병력을 승선시키고 있었던 것이다. 다티스 장군은 마라톤의 병력을 반으로 줄여도 아테네군을 상대할 수 있다고 여길 만큼 자만에 빠져 있었다.

마라톤 평야에 남은 페르시아 보병 1만 5,000명은 전투 대열로 늘어섰다. 해안선과 직각을 이루도록 열 줄로 길게 늘어섰는데 대열 중앙에는 정예 부대인 창병이, 좌우에는 방패병과 활을 쏘는 궁병이 배치되었다.

페르시아군의 이동을 지켜본 밀티아데스 장군도 지체 없이 명령을 내렸다.

"아테네 병사들이여, 때가 왔도다. 전열을 정비하라!"

아테네군은 신속히 산기슭을 내려갔다. 페르시아군과 1,500미터 정도 거리를 두고 아테네군도 대열을 갖추었다. 중앙에 약한 병력이 네 줄로 듬성듬성 서고 양 날개에 강한 병력이 여덟 줄의 밀집 대형

---

* **페르시아 기병대** 페르시아군의 핵심 병력. 전투가 벌어지면 기동력으로 적군의 양 측면과 후방을 공격해 전열을 흩뜨리는 역할을 했다. 기동 타격대로서 기병의 역할은 제2차 세계 대전까지 계속되었고, 화약 무기가 등장한 뒤로는 탱크 등의 장비를 갖춘 기계화 부대가 그 자리를 대신하였다.

으로 늘어서자 대열의 길이가 페르시아군과 엇비슷해졌다.

"천천히 나아가다가, 페르시아군의 사정거리 안에 들면 빠르게 돌진하라!"

대열이 갖추어지자, 밀티아데스 장군은 앞장서서 나아가며 명령했다. 아테네 병사들도 일제히 함성을 지르며 발맞추어 앞으로 나아갔다. 아테네군은 한 손에는 2미터가 넘는 긴 창을, 다른 손에는 커다란 원형 방패를 들고 투구, 가슴에 두르는 흉갑, 청동제 정강이받이로 중무장하고 있었다.

이내 아테네군은 페르시아 궁수 부대의 사정거리 안으로 들어갔다. 머리 위로 화살이 비 오듯이 쏟아지는 가운데 아테네군은 평야를 가로질러 빠르게 달려갔다. 그리스 군대는 평소에 갑옷을 입고 달리는 훈련을 해 왔다. 달리면서 공격하는 것은 아테네군을 포함한 그리스군의 전술 중 하나였다. 그래서 페르시아 궁수 부대의 화살을 뚫고 달려 나가는 것이 크게 어렵지 않았다.

페르시아군은 달려오는 아테네군을 보고 안심했다. 페르시아군은 활을 쏘는 궁병과 말을 타고 싸우는 기병으로 서아시아 지역을 통일했다. 궁수 부대의 지원 없이 오로지 창과 방패만 든 채 뛰어오는 아테네군은 스스로 무덤을 향해 돌진하는 것처럼 보였다.

페르시아 궁병들은 아테네군을 향해 쉴 새 없이 화살을 쏘아 댔다. 아테네군은 쏟아지는 화살을 방패로 막아 내며 전력 질주해 앞으로 나아갔다. 마침내 양쪽 군대의 거리가 서로 얼굴을 볼 수 있을 정도로 가까워졌다.

"이제는 백병전*이다. 물러서지 말고 싸워라!"

밀티아데스 장군의 명령에 아테네군은 긴 창으로 페르시아군을 공격했다. 페르시아군도 만만하지 않았다. 페르시아군의 철제 창날이 떡갈나무와 청동으로 만든 아테네군의 방패를 찔러 댔다. 서로의 방패에 맞아 창이 부러지자 양쪽 군사들은 허리에 찬 검을 뽑아 들고 싸웠다. 백병전은 한나절이나 계속되었다.

차츰 아테네군의 약한 중앙 부대가 페르시아의 강한 창병 부대에 밀리기 시작했다. 결국 아테네군 중앙 부대는 야영지까지 밀려나 무너졌다. 그러나 좌우 부대는 흔들림 없이 페르시아군을 공격했다. 아테네군의 기세에 페르시아군의 좌우 부대가 후퇴하다가 전열이 무너져 달아나기 시작했다.

그 순간을 기다려 온 밀티아데스가 외쳤다.

"페르시아의 좌우 부대가 무너졌다. 아테네 병사들이여, 양 날개를 합쳐 공격하라!"

밀티아데스 장군의 명령에 아테네 좌우 부대는 달아나는 페르시아 병사들을 내버려 둔 채 좌우 양 날개를 하나로 합쳤다. 그러고는 아테네군의 야영지까지 밀고 들어와 있던 페르시아 창병 부대의 뒤쪽을 공격했다. 느닷없이 뒤를 공격당한 페르시아 창병 부대는 몹시 당황해 전열이 흐트러졌다. 죽기 살기로 달려드는 아테네군에 놀라

* **백병전** 칼, 창, 총 등의 무기를 들고 적과 바짝 붙어서 싸우는 전투. 중세까지의 전투는 대부분 백병전으로, 백병전에서 죽거나 다친 사람의 수에 의해 승부가 가려졌다. 발달된 무기로 싸우는 현대 전투에서는 백병전이 잘 벌어지지 않고 지상 공격의 최종 단계에서 간혹 쓰인다. 칼날이 하얀색(백색)이라 '백병전'이라고 한다.

고 양 날개 포위 공격에 놀란 페르시아 창병 부대는 함선이 있는 바닷가로 급히 달아났다. 아테네군은 도망치는 페르시아군을 끝까지 쫓아 해안까지 갔다.

병력을 반으로 줄여도 아테네군을 물리칠 수 있으리라 생각했던 다티스 장군은 지금껏 듣도 보도 못한 아테네의 양익 포위 대형 전술에 크게 당황했다. 결국 다티스 장군은 후퇴 명령을 내렸다. 남은 병력이나마 이끌고 아테네시로 가야 했다. 하지만 그마저도 모두 배에 오르지 못하고 많은 병사들이 아테네군의 포로가 되었다.

이 싸움에서 아테네군의 전사자는 192명이었지만, 페르시아군의 전사자는 6,400명에 이르렀다. 하지만 아테네군은 승리의 기쁨을 누릴 겨를도 없이 있는 힘을 다해 아테네로 달려가 페르시아 함대를 맞을 채비를 했다. 결국 페르시아 함대는 아테네군보다 늦게 아테네에 도착, 싸움을 포기하고 자기 나라로 돌아갔다.

마라톤 전투는 아테네가 페르시아와 싸워 최초로 승리한 전투였다. 전투에서 이긴 아테네는 그리스 도시 국가들 사이에서 새로운 강자로 떠올랐다.

페르시아 전쟁의 원인과 의미

그리스와 페르시아는 모두 세 차례 전쟁을 치렀다. 페르시아는 기원전 522년 다리우스 1세가 즉위하여 서아시아 지역을 통일하고 이

집트에서 인도의 인더스강에 이르는 대제국을 건설하면서 에게해 연안의 그리스 도시 국가들에도 영향력을 행사했다. 그러자 이오니아에서 반란이 일어나고 아테네와 에레트리아가 반란을 지원했다. 이에 기원전 492년 페르시아가 아테네와 에레트리아 원정에 나서면서 제1차 페르시아 전쟁이 일어났다. 그러나 페르시아군은 폭풍우를 만나 전투도 치르지 못하고 철수하고 말았다.

그 뒤 다리우스 1세는 그리스의 도시 국가들에 사신을 보내 땅과 공물을 바치게 했다. 아테네, 스파르타, 에레트리아는 사신을 죽여 버리고 다리우스 1세의 요구를 거부했다. 분노한 다리우스 1세는 수만 명의 원정군을 보내 에레트리아를 정복한 뒤 아테네를 점령하기 위해 마라톤 해안에 상륙했다. 이렇게 해서 기원전 490년 마라톤 전투가 일어났는데, 이것을 제2차 페르시아 전쟁이라고 한다.

제3차 페르시아 전쟁은 기원전 480년에 페르시아가 다시 그리스로 쳐들어오면서 시작되었고, 페르시아군이 살라미스 해협에서 그리스군에 대패하면서 끝났다.

페르시아 전쟁은 그리스 역사에서 처음으로 도시 국가 전체가 단결해 적에 맞서 싸운 전쟁이라는 의미가 있다. 전쟁 이후 그리스의 새로운 강자가 된 아테네는 기존의 강국 스파르타와 사사건건 대립하였다. 이 대립은 아테네를 중심으로 한 델로스 동맹과 스파르타를 중심으로 한 펠로폰네소스 동맹 사이의 내분으로 이어졌고, 결국 펠로폰네소스 전쟁이 일어나게 되었다.

마라톤 경주의 기원이 된 마라톤 전투

아테네 북동쪽에 있는 마라톤 평야는 바다에 접해 긴 해안선을 이루고 있어 함대가 정박하기 좋고, 넓은 평지라 기병대가 전술을 펼치기에 유리했으며, 병사들과 말이 먹을 물 또한 풍부한 곳이었다. 페르시아는 마라톤을 병참 기지로 삼아 아테네를 정복할 계획이었으나, 마라톤 전투에서 밀티아데스가 이끄는 아테네군에게 패했다.

아테네군이 승리한 뒤 아테네의 병사 필리피데스는 승리의 소식을 전하기 위해 마라톤에서 아테네까지 약 40킬로미터 거리를 뛰어갔다. 쉬지 않고 달려서 아테네에 도착한 필리피데스는 "우리가 이겼다!"라는 말을 남기고 기운이 다해 죽었고, 필리피데스를 기려 달리기 경주를 열게 된 것이 오늘날 마라톤 경주의 기원이라고 한다.

역사적으로 필리피데스가 마라톤 전투에 참가한 것은 사실이다. 그러나 승리의 소식을 전하고 죽었다는 이야기는 사실이 아니다. 페르시아 전쟁을 자세하게 다룬 헤로도토스의 《역사》에도 이런 이야기는 나오지 않는다. 필리피데스 이야기의 가장 오래된 기록은 마라톤 전투가 끝난 지 약 600년 뒤에 쓰인 것이다. 장군이나 귀족이 아닌 평범한 병사가 자신들의 영웅이 되기를 바랐던 그리스 사람들이 필리피데스 이야기를 만들어 낸 것이다.

비록 역사적 사실은 아니지만, 필리피데스 전설은 그리스의 애국심을 고취하고 인간의 위대한 의지를 드러내는 이야기로 1896년 그리스 아테네에서 열린 제1회 근대 올림픽에서 마라톤이 육상 경기의 정식 종목으로 채택되는 배경이 되었다. 맨몸으로 장거리를 달리며 지구력의 한계를 시험하는 마라톤은 오늘날에도 '올림픽의 꽃'이라 불리며 올림픽의 대표 종목으로 자리매김하고 있다.

펠로폰네소스 전쟁의 마지막 전투,
아이고스포타모이 해전

기원전 405년 9월, 그리스의 패권을 놓고 아테네와 스파르타가 벌인 펠로폰네소스 전쟁이 어느덧 26년째로 접어들고 있었다. 전쟁에는 아테네가 이끄는 델로스 동맹과 스파르타가 이끄는 펠로폰네소스 동맹도 참가하고 있었다. 델로스 동맹은 페르시아 전쟁 이후 아테네를 중심으로 에게해 연안과 소아시아 지역의 그리스 도시 국가들이 페르시아의 재침략에 대비하기 위해 맺은 동맹이다. 펠로폰네소스 동맹은 이보다 앞서 기원전 6세기에 스파르타를 중심으로 펠로폰네소스 반도의 도시 국가들이 맺은 동맹이다.

육상 강국이던 스파르타는 전쟁 기간 동안 페르시아의 지원을 받아 함대를 조성하고 해군력을 키워 해전에서도 아테네와 맞설 정도로 강해졌다. 그러나 해상 강국이던 아테네는 시칠리아까지 무리한 원정에 나섰다가 해군력에 큰 손실을 입고 국가 재정까지 바닥날 정도가 되었다. 정치적으로도 아테네는 민주 정치와 과두 정치* 지지자들 사이에 갈등이 심각하여 몹시 혼란스러웠다.

그런 아테네에 급보가 날아들었다. 스파르타의 해군 사령관 리산드로스 장군이 전함 100여 척을 이끌고 헬레스폰투스 해협(지금의 다르다넬스 해협)에 있는 도시 람프사코스를 기습 공격해 점령해 버린 것이었다.

아테네는 원래 척박한 땅이었다. 지금은 스파르타에게 중요 농경지까지 빼앗기고 흑해에서 헬레스폰투스 해협을 거쳐 에게해로 들어오는 곡물로 겨우 연명하고 있었다. 그런 아테네에게서 람프사코스를 빼앗는 것은 아테네 사람들을 굶겨 죽이겠다고 선언하는 것과 같았다. 생존의 위협을 느낀 아테네는 주력 함선인 3단 갤리선(노를 3층으로 배치한 배) 108척에 3만 6,000명에 이르는 노잡이와 중무장 보병을 태워 헬레스폰투스 해협으로 보냈다.

스파르타의 리산드로스 장군은 이미 람프사코스 해안에 중무장 보병과 노잡이들을 태운 3단 갤리선 100여 척을 배치해 놓았다. 아테네 함대는 헬레스폰투스 해협을 사이에 두고 람프사코스와 5킬로미터 떨어진 아이고스포타모이에 진을 쳤다. 작은 마을만 하나 있을

* **민주 정치와 과두 정치** 고대 아테네는 시민들이 민회에 참석해 다수결로 관료를 선출하고 국가의 정책을 결정하는 민주 정치를 실시했다(아테네의 민주 정치는 투표권이 노예와 외국인, 여성들을 제외한 30세 이상의 남자들에게만 주어지는 제한적 민주 정치였다). 이에 반해 과두 정치는 몇몇 사람들이 나랏일을 결정하는 독재적인 정치 제도다.

뿐 병사들이 먹을 양식과 마실 물을 확보할 수 없는 곳이었지만, 흑해로 가는 길을 뚫기 위해 달리 선택할 곳이 없었다.

더욱이 아테네 함대에는 최고 사령관이 없었다. 스파르타 함대가 리산드로스 한 사람의 지휘를 따르는 반면, 아테네 함대는 여섯 명의 지휘관이 날마다 돌아가며 지휘를 맡았다. 일사불란한 지휘 체계란 처음부터 없었고 딱히 전략이라고 부를 만한 것도 없었다. 하는 일이라고는 아침마다 함대 일부가 람프사코스 항구로 나아가 스파르타 함대를 향해 당장 나와서 싸우라고 외치는 것이 전부였다.

그러나 스파르타 함대는 항구에 배를 댄 채 전혀 움직이지 않았다. 리산드로스는 시간이 흐를수록 불리해지는 쪽은 아테네군이라는 것을 알고 있었다. 아테네군은 물과 식량도 확보하지 못한 채 전투를 치르고 있었으니까.

'아테네 함대는 조바심이 날 대로 나 있다. 그래서 저렇듯 나를 전투에 끌어들이려는 것이다. 그러나 나는 말려들지 않을 것이다. 느긋하게 기다리고 있다가 기회가 오면 전투에 응하리라. 그 기회란 바로 아테네군이 분산되는 때다. 그때 기습 공격하여 완전한 승리를 이룰 것이다.'

이렇게 생각하며 리산드로스는 함선을 정비하고 병사들의 사기 진작에 힘을 쏟았다.

스파르타 함대는 군사력에서도 아테네 함대에 밀리지 않았다. 페르시아로부터 자금을 지원받아 병사들에게 꼬박꼬박 월급을 준 덕에 아테네 병사들까지 도망쳐 와 스파르타군에 들어올 정도였다. 리산드로스는 탈영병들을 통해 아테네 함선에 관한 정보를 수집하고, 아테네 해군의 디에크플루스* 전술과 충각 받기, 기동 작전 등을 스파르타 병사들에게 가르쳤다. 그 결과 아테네는 더 이상 해군 전술에서 스파르타를 앞지르지 못했다. 오히려 스파르타 해군에 번번이 패배하기에 이르렀다.

그러다 5일째가 되던 날, 아테네군이 여느 때와 다른 움직임을 보였다. 필로클레스 장군이 지휘하는 함선 30척이 스파르타 함대 앞으로 와서 얼쩡대는 대신, 해협 하류로 출발하고 있었다. 아테네군이 흩어지고 있었던 것이다. 공격 기회만 노리고 있던 리산드로스는 청동 방패를 높이 쳐들었다. 기습 공격을 알리는 신호였다.

"전속력으로 아테네 함대를 추격하라!"

리산드로스의 명령에 따라 스파르타 함선 50여 척이 일제히 앞으로 나아갔다. 나머지 함선은 만일을 위해 항구에 대기하고 있었다. 함선 갑판에서 피리 소리가 울려 퍼지자, 위아래 3단으로 배치된 노잡이들이 피리 소리에 맞추어 맹렬히 노를 저었다. 어느새 스파르타 함대는 아테네의 선발 함대를 따라잡았다.

아테네의 필로클레스 장군은 깜짝 놀랐다. 아테네 선발 함대가 움직인 것은 리산드로스에게 던진 미끼였다. 스파르타 함대를 해협 하류로 유인해 배후가 노출되면, 아테네의 주력 함대가 뒤따라와 배후

---

* **디에크플루스** 고대 그리스 해군의 대표적인 전술로, 아군 함선이 한 줄로 길게 늘어서서 적의 전열을 돌파하는 전술. 맨 앞의 배가 전열이 약한 지점을 찾아 빠르게 치고 나아가면 뒤따라오는 배가 대열에서 이탈한 적선을 들이받았다. 기동력을 핵심으로 적의 전선을 깨트리고 전면전에 돌입하는 적극적인 공격 전술이었다.

를 칠 계획이었다. 그런데 해협 하류에 이르기도 전에 스파르타 함대가 아테네 선발 함대를 막아선 것이다.

계획이 틀어지자 필로클레스 장군은 어찌할 바를 몰랐다.

그때 리산드로스가 외쳤다.

"전면전이다. 디에크플루스를 펼쳐라."

그 순간 스파르타 함대는 열 척이 한 조가 되어 다섯 줄로 길게 늘어섰다. 각 조의 맨 앞에 선 함선들이 앞으로 나아가 순식간에 아테네 함선의 뒤를 날쌔게 돌아서는, 회전한 힘으로 아테네 함선의 노와 방향을 조종하는 조타용 노를 부러뜨렸다. 선두 함선들이 재빠르게 다음 공격 대상을 향해 이동하는 동안, 뒤를 이어 온 스파르타 함선은 뱃머리에 단 충각으로 노가 부러진 아테네 함선을 들이받았다. 쿵! 하는 소리와 함께 아테네 함선들이 부서져 내렸고, 부러진 노와 파괴된 배의 잔해가 바다에 어지럽게 널렸다. 손쓸 새도 없이 공격을 받은 아테네 함대는 혼란에 빠졌다.

리산드로스는 다음 명령을 내렸다.

"이제 접근전이다! 기동 작전을 펼쳐라!"

리산드로스의 명령에 한 손에는 청동 방패를, 한 손에는 긴 창을 든 스파르타 중무장 보병들이 아테네 함선에 올라탔다. 그러고는 아테네의 중무장 보병과 노잡이들을 향해 창을 휘둘렀다. 전쟁이 일어날 때만 소집되는 아테네 병사들과 달리 스파르타 병사들은 어려서부터 군사 훈련을 받아 전투력이 막강했다. 아테네 병사들은 스파르타 중무장 보병들의 창에 낙엽처럼 쓰러졌다.

필로클레스 장군은 남은 배와 병사들을 거느리고 서둘러 아이고스포타모이로 후퇴했다. 스파르타 함대가 아테네 함대를 바짝 따라붙었다.

아이고스포타모이에 있던 아테네 주력 함대는 도망쳐 오는 아테네 선발 함대와 그 뒤를 맹렬히 추격해 오는 스파르타 함대를 보고 우왕좌왕했다. 분산된 지휘 체계 때문에 병사들에게 명령이 먹히지 않았고, 노잡이들이 먼저 육지로 도망치기 시작했다. 이어 중무장 보병들도 하나둘 함대를 이탈해 달아나 버렸다.

설상가상으로 람프사코스 항구에 대기 중이던 스파르타 후발 함대까지 출항해 아이고스포타모이에 도착했다. 리산드로스의 명령이 떨어지자 후발 함대 병사들이 아이고스포타모이에 남아 있던 아테네 병사들을 공격했다. 아테네 진영은 순식간에 스파르타군에 점령되었다. 그사이 리산드로스는 빼앗은 아테네 함선들을 끌고 람프사코스 항으로 돌아갔다.

한때 해상 강국으로 위용을 떨쳤던 아테네는 이 전투에서 해군력을 거의 잃었고, 결국 1년 뒤 스파르타에 항복했다.

펠로폰네소스 전쟁과 아테네의 몰락

페르시아 전쟁 이후 아테네와 스파르타는 그리스의 패권을 차지하기 위해 펠로폰네소스 전쟁을 벌였다. 전쟁은 기원전 431년부터 기

그리스의 패권을 놓고 아테네와 스파르타가 벌인 펠로폰네소스 전쟁

원전 404년까지 3단계에 걸쳐 진행되었다.

1단계는 기원전 431년부터 기원전 421년까지 10년 동안 이어진 전쟁 기간이고, 2단계는 이후 6년 동안 이어진 휴전 기간이다. 그러다가 기원전 415년 지중해 패권을 노리던 아테네가 시칠리아의 시라쿠사 내전에 개입하면서 휴전이 끝나고 전쟁이 3단계로 접어들었다.

해상 강국 아테네는 이때 시칠리아에 대규모 원정단을 보냈지만 실패하고 해군력에 막대한 손실을 입었다. 이 무렵에 페르시아가 전쟁 때 아테네에게 빼앗긴 이오니아 지역을 되찾으려고 스파르타를 지원함으로써 전통적인 육상 강국인 스파르타는 해상 강국의 면모까지 갖추게 되었다.

반면에 아테네는 오랜 기간 전쟁을 치르면서 국고를 탕진하고 해군력을 거의 잃었으며, 과두 정부의 등장으로 정치적 혼란기를 겪었다. 동맹국들의 이탈도 이어졌다. 그런 상태에서 아이고스포타모이 해전에서 대패하자, 아테네는 결국 스파르타에 항복하고 말았다.

펠로폰네소스 전쟁 이후 스파르타가 그리스를 지배하자, 이에 반발한 동맹국들 사이에 전쟁이 일어났다. 스파르타의 세력이 약해지면서 펠로폰네소스 동맹은 기원전 366년 해체되었다.

델로스 동맹은 펠로폰네소스 전쟁에서 아테네가 패배한 뒤 해체와 결성을 반복하다가 기원전 338년 마케도니아의 필리포스 2세에게 그리스가 점령당하면서 완전히 해체되었다.

마케도니아의 알렉산드로스 대왕, 페르시아 제국을 멸망시키다

펠로폰네소스 전쟁 후 스파르타는 강압 정치를 펼치며 그리스를 지배했다. 도시 국가들은 이에 반발했고 그리스는 다시 패권을 둘러싼 전쟁으로 국력을 소모했다. 그사이에 그리스인들이 오랑캐라 부르며 업신여기던 마케도니아가 정치와 군사력에서 강국으로 떠올랐다. 마케도니아는 필리포스 2세가 다스리던 기원전 338년에 그리스 본토까지 진출했고, 기원전 337년 스파르타를 제외한 그리스 여러 도시의 대표들을 소집하여 동맹을 결성하고 군대를 만들었다. 그리고 그의 아들 알렉산드로스 시대에는 그리스 전체를 지배하게 되었다.

기원전 334년 알렉산드로스 대왕은 마케도니아군이 주축이 된 헬라스 동맹군을 거느리고 페르시아 정복 길에 올랐다. 알렉산드로스 대왕은 깃털 달린 은빛 투구를 쓰고 햇빛에 반짝이는 화려한 갑옷을 입고서 애마 부케팔로스를 탄 채 언제나 앞장서 전투를 이끌었다. 그러한 까닭에 늘 적의 눈에 띄었고 죽을 고비도 몇 차례 넘겼다. 그러나 위험을 무릅쓴 알렉산드로스 대왕의 용맹한 행동은 병사들의 사기를 높여 전투의 승리를 가져왔다. 그 결과 알렉산드로스 대왕은 소아시아 북서부의 그라니코스강과 남부의 이수스 평원에서 페르시아군을 물리치고 소아시아, 지중해 연안, 이집트까지 차례로 정복한 다음 페르시아 본토까지 진격해 들어갔다.

기원전 331년 10월 1일, 알렉산드로스 대왕이 이끄는 헬라스 동맹군은 마침내 가우가멜라 평원(지금의 이라크 모술 부근)에 도착했다. 마케도니아군의 핵심으로 '헤타이로이'라 불리던 중무장 기병 2,100명, 경무장 기병 4,900명, 중무장 보병 3만 1,000명, 경무장 보병 9,000명, 모두 합쳐 4만 7,000명에 이르는 대군이었다.

가우가멜라 평원에서는 다리우스 3세가 이끄는 페르시아군이 헬라스 동맹군을 기다리고 있었다. 바퀴에 낫이 달린 전차 200대, 중무장 보병 2,000명, 왕실 근위대 2,000명, 경무장 보병 6만 2,000명, 중무장 기병과 경무장 기병 3만 5,000명, 전투 코끼리 열다섯 마리로 구성된 약 10~15만에 이르는 대군이었다. 다리우스 3세는 이수스 전투에서 헬라스 동맹군에 패한 바 있었다. 그때는 협소한 지형에 포진해 전술을 뜻대로 펴기 어려웠지만, 이번에는 광활한 평원에 진을 치고 전차의 기동력을 높이기 위해 땅까지 고른 뒤였다.

그러나 알렉산드로스 대왕은 기죽지 않고 여유롭게 정보를 수집하며 전투를 준비했다. 알렉산드로스 대왕은 먼저 이수스 전투에서 붙잡은 포로를 심문해, 페르시아군이 전력의 핵심인 중무장 기병과 경무장 기병의 혼성 부대를 좌우익에 세우며, 특히 강한 기병대를 좌익에 배치한다는 것을 알아냈다. 그러고서 몸소 기병 정찰대를 이끌고 전투 장소를 둘러보며 페르시아군이 설치해 놓은 함정을 제거했다. 진영으로 돌아간 알렉산드로스 대왕은 병사들을 배불리 먹이고 충분히 쉬게 한 다음, 장군들을 막사로 불렀다. 전투를 치를 때 알렉산드로스 대왕은 휘하의 장군들에게 전술의 핵심만 설명하고 실제 전투 상황에서 벌어지는 일은 전적으로 지휘관들에게 맡기고 있었다.

"적군의 핵심인 기병대를 우리 쪽으로 최대한 끌어들이기 위해 이번에는 사선진법*을 펼칠 계획이오. 페르시아군의 강한 좌익은 내가 우리 전열의 우익을 맡아 상대할 것이오. 좌익은 파르메니온 장군이 지휘하면서 최대한 시간을 벌어 주시오. 그러는 동안 나는 헤타이로이를 이끌고 적을 유인해 적의 중앙과 좌익 사이에 틈이 생기게 하겠소. 그러고서 망치와 모루 전술로 적에게 일격을 가한 다음, 다리우스 3세가 있는 본진까지 쳐들어갈 것이오. 나는 페르시아와 더 이상 같은 하늘 아래 있고 싶지 않소. 부디 장군들도 한마음 한뜻으로 싸워 주기 바라오."

알렉산드로스 대왕이 내놓은 전술은 알렉산드로스 자신이 앞장

---

* **사선진법** 우세한 병력을 우익이나 좌익에 배치하고 약한 날개가 45도 각도로 비스듬히 처지게 하는 진법. 뒤로 처진 날개는 처진 만큼 적과 만나는 시간이 늦어져 시간을 벌 수 있고, 그사이에 강한 날개가 적의 진형을 무너뜨릴 수 있다.

서 목숨을 걸고 싸워야 하는 전술이었다. 지휘관들은 알렉산드로스 대왕을 향해 충성을 맹세하며 일제히 고개를 숙였다.

마침내 결전의 날이 밝았다. 가우가멜라 평원에서 헬라스 동맹군과 페르시아군이 대치했다. 페르시아군은 옆으로 긴 대형을 취했다. 예상대로 좌우익에 중무장 기병과 경무장 기병의 혼성 부대가 포진했고, 중앙에는 왕실 근위대와 중무장 보병대가 다리우스 3세를 호위하고 섰으며, 중앙의 좌우측에 기병이 섰다. 이들 기병 앞에는 전차 부대가 섰으며 후방에는 경무장 보병이 섰다.

알렉산드로스 대왕은 좌우익에 각각 기병대를 포진시켰다. 중앙에는 중무장 보병대를 사각형의 밀집 대형으로 배치해서 마케도니아 팔랑크스 대형을 이루었고, 후방에는 예비대인 경무장 보병대를 세웠다. 알렉산드로스 대왕은 오른쪽에 헤타이로이와 함께 섰다.

먼저 알렉산드로스가 이끄는 우익의 헤타이로이가 움직이자, 우익에 비해 상대적으로 약한 좌익이 뒤로 45도 각도로 처지면서 헬라스 동맹군은 사선진으로 페르시아군을 향해 나아갔다.

전투를 치를 때 으레 병력이 열세한 쪽은 방어 위주의 전술을 펴게 마련이다. 그런데 알렉산드로스의 우익이 먼저 움직이는 것을 보고 다리우스 3세는 깜짝 놀랐다.

다리우스 3세는 전차 부대와 좌우익 부대에 동시에 공격 명령을 내렸다. 전차 부대가 헬라스 동맹군 중앙의 중무장 보병대를 향해 맹렬히 달려갔다.

그러나 오늘을 위해 헬라스 동맹군은 전차 공격을 물리치는 훈련을 충분히 한 터였다. 페르시아의 전차 부대가 낫이 달린 바퀴를 무섭게 돌리며 다가오자 헬라스 동맹군의 중무장 보병들이 일제히 양옆으로 물러났다. 순간적으로 길을 터 전차를 통과시킨 헬라스 동맹군의 중무장 보병들은 곧바로 전차를 앞뒤로 에워싸고 4미터가 넘는 긴 창 사리사를 겨누었다. 페르시아의 전차 부대는 꼼짝없이 포위되었고, 전차를 몰던 병사들은 끌어내려졌다. 눈 깜짝할 사이에 일어난 일이었다. 전차 부대를 무너뜨린 헬라스 동맹군의 중무장 보병들은 밀집 대형을 유지한 채 페르시아의 중앙을 향해 전진했다.

그러는 동안 페르시아군의 좌익은 헬라스 동맹군의 우익을 공격하고, 페르시아군의 우익은 헬라스 동맹군의 좌익을 공격하고 있었다. 헬라스 동맹군의 약한 좌익이 뒤로 밀리면서 중앙과 사이가 벌어졌다. 그 틈으로 페르시아군의 우익 기병대가 들어와 헬라스 동맹군 좌익을 빙 돌아 포위하기 시작했다.

그러나 이럴 경우를 대비해 알렉산드로스 대왕은 후방에 경무장 보병들을 예비대로 배치해 둔 터였다. 헬라스 동맹군의 예비대가 일제히 창을 휘두르며 페르시아 기병대를 공격했다. 차츰 페르시아 기병대의 전열이 무너지면서 병사들이 달아나기 시작했다.

헬라스 동맹군의 좌익이 이렇게 시간을 버는 동안, 알렉산드로스 대왕은 헤타이로이와 일반 기병대의 일부, 그리고 경무장 보병을 데리고 후퇴하는 시늉을 하고 있었다. 다리우스 3세로부터 알렉산드로스의 목을 베어 오라는 특명을 받은 페르시아 좌익의 정예 기병대가 그 뒤를 숨바꼭질하듯 쫓아다녔다.

사실 알렉산드로스 대왕은 그들을 유인해 페르시아군의 좌익과 중앙 사이가 벌어지도록 하고 있었다. 그런 줄도 모르고 페르시아 좌익 기병대는 알렉산드로스 대왕의 뒤꽁무니만 쫓아다녔고, 결국 페르시아군은 좌익과 중앙 사이가 벌어져 버렸다.

알렉산드로스 대왕이 소리쳤다.

"적의 전열에 틈이 생겼다. 먼저 적의 기병대를 막아라!"

그러자 알렉산드로스 대왕과 함께 다니던 경무장 보병과 기병대 일부가 재빨리 돌아서서 뒤쫓아 오는 페르시아 좌익 기병대를 막아섰다. 헬라스 동맹군의 우익도 달려와 힘을 보탰다.

알렉산드로스 대왕이 다시 소리쳤다.

"헤타이로이는 나를 따르라!"

알렉산드로스 대왕은 전열이 벌어진 틈으로 들어가 다리우스 3세가 있는 페르시아군의 중앙을 향해 달려갔다. 헤타이로이도 뒤따라 달렸다. 돌격해 오는 알렉산드로스 대왕을 페르시아군 후방의 보병들이 일제히 막아섰다. 그때 페르시아군의 중앙을 향해 진군해 온 헬라스 동맹군의 중무장 보병들이 도착했다.

알렉산드로스가 병사들에게 외쳤다.

"망치와 모루 전술을 펼쳐라!"

망치와 모루 전술은 기병을 주력 부대, 보병을 조력 부대로 활용하는 마케도니아 군대의 전술이었다. 보병이 모루, 곧 저지 부대 역할을 하며 적을 방어하는 동안 기병이 망치, 곧 타격 부대가 되어 적을 공격했다.

헬라스 동맹군의 중무장 보병들은 알렉산드로스의 명령에 따라 페르시아 보병들을 공격하며 모루 역할을 했다. 알렉산드로스 대왕의 진로를 확보하고 측면과 후방을 엄호한 것이다. 그사이 알렉산드로스 대왕은 헤타이로이를 이끌고 다리우스 3세를 향해 나아갔다. 바로 이들이 망치 역할을 맡은 것이다.

병사들에 둘러싸인 채 전차를 타고 있던 다리우스 3세는 자신을 향해 달려오는 알렉산드로스 대왕을 보고 두려움에 떨었다. 공격 부대가 무너졌다는 소식이 속속 들어오는 데다 알렉산드로스마저 다가오자, 다리우스 3세는 병사들을 버리고 도망쳤다. 왕이 달아나자 더 이상 전장을 지킬 이유가 없어진 페르시아 병사들은 일제히 달아나기 시작했다. 앞선 전투들을 통해 페르시아 병사들은 알렉산드로스 대왕과 헬라스 동맹군의 힘을 충분히 알고 있었다.

그 무렵 좌익에서 죽을힘으로 버티던 파르메니온 장군이 지원군을 요청했다. 다리우스 3세가 코앞에 있었지만 알렉산드로스 대왕은 자기 병사들을 지키는 쪽을 선택했다. 알렉산드로스 대왕은 도망치는 다리우스 3세를 두고 파르메니온이 지휘하는 좌익을 돕기 위해 달려갔다. 헤타이로이는 곧바로 페르시아군 우익의 측면을 공격했다. 기습을 당한 페르시아군의 우익은 달아났고, 중앙과 우익이 완전히 무너진 것을 보고 페르시아군의 좌익과 나머지 군사들도 도망치기 시작했다. 페르시아군은 야심차게 준비한 전투 코끼리도 제대로써 보지 못한 채 맥없이 무너졌다.

페르시아는 가우가멜라 전투에서 입은 군사력의 손실을 이기지 못하고 곧 멸망하고 말았다. 페르시아마저 정복한 알렉산드로스 대왕은 동쪽으로 더욱 나아가 이집트에서 인도에 이르는 대제국을 세웠다.

알렉산드로스 대왕과 헬레니즘

마케도니아의 알렉산드로스(기원전 356~323) 대왕은 13년의 짧은 재위 기간 동안 소아시아와 지중해 연안, 이집트, 페르시아, 인도를 정복해 동서양을 아우르는 최초의 대제국을 건설했다. 이로써 서양의 그리스 문명과 동양의 오리엔트 문명이 만나 헬레니즘이라는 새로운 문화를 낳으면서 바야흐로 헬레니즘 시대가 시작되었다.

헬레니즘 시대에 그리스에서는 이민족 융화 정책을 펼친 알렉산드로스 대왕의 영향을 받아 혼혈아들이 태어나기 시작했고, 이들이 그리스의 중산층을 대표하게 되었다. 경제적으로는 군주들의 대토지가 몰수되고, 소작인들이 늘어났으며, 중소 자영농들이 농업 노예로 전락하였다. 하지만 동양과 서양 사이에 교통로가 열리면서 상공업과 무역이 발달하고 화폐가 일상적으로 쓰이기 시작했다. 처음으로 지구 둘레의 길이를 계산한 에라토스테네스, 부력의 원리를 알아낸 아르키메데스가 등장해 과학을 발전시켰고, 철학에서는 인간의 행복과 만족을 추구한 에피쿠로스학파와 금욕과 극기를 중시한 스토아학파가 일어났다. 미술에서는 이상과 균형을 추구했던 고전기와 달

고르디아스의 매듭을 끊어 버린 알렉산드로스(장 시몽 베르텔레미, 1767년)
고대 소아시아에 있었던 나라 프리기아의 수도 고르디움의 신전에는 아주 복잡하게 얽혀 도저히 풀 수 없는 매듭이 있었다. 프리기아의 왕이었던 고르디아스가 묶어 놓은 것으로, 매듭을 푼 사람은 아무도 없었고 이 매듭을 푸는 사람이 아시아를 지배하는 왕이 될 것이라는 전설이 내려오고 있었다. 알렉산드로스 대왕은 칼을 뽑아 이 매듭을 단번에 잘라 버리고 자신이 아시아를 지배하는 왕이 될 것이라고 선언했다.

리 사실적인 묘사와 감정 표현을 중시하는 경향이 나타났다. 헬레니즘 시대에 만들어진 '밀로의 비너스', '라오콘 군상' 등은 고대 그리스 조각의 대표작으로 손꼽힌다.

동서양이 처음으로 만나 이룩된 헬레니즘 시대는 알렉산드로스 대왕 시대부터 기원전 30년 이집트가 로마 제국에 합병될 때까지 약 300년간 계속되었다.

밀로의 비너스
그리스 밀로스 섬에서 출토된 대리석 조각상으로,
그리스 신화의 사랑과 아름다움의 여신
아프로디테 (영어 이름은 '비너스')를 표현했다 하여
'밀로의 비너스'라 불린다. 헬레니즘 양식의
감각적이고 사실적인 묘사가 돋보이는 걸작이다.

라오콘 군상
그리스 신화의 라오콘 이야기를 표현한 대리석 조각상.
트로이의 신관이었던 라오콘이 신의 노여움을 사서
두 아들과 함께 신이 보낸 바다뱀에게
죽임을 당하는 장면을 묘사했다.
헬레니즘 조각의 특유의 역동성과
극적인 표현 방식이 잘 드러나 있다.

무적 로마 군단을 물리친 한니발의 칸나에 전투

기원전 272년, 이탈리아 반도를 통일한 로마는 지중해의 패권까지 차지하려고 했다. 그때 지중해 일대는 해상 무역의 강국 카르타고*가 장악하고 있었다. 결국 로마와 카르타고는 전쟁을 피할 수 없었고, 3차에 걸쳐 포에니 전쟁이 일어났다.

기원전 264년에 시작해 기원전 241년까지 이어진 제1차 포에니 전쟁에서 카르타고는 로마 군단에 패배하고 지중해에 있는 전략적 요충지를 잃게 되었다. 그러나 카르타고에는 한니발이 있었다.

한니발은 제1차 포에니 전쟁에서 활약한 카르타고의 위대한 장군

* **카르타고** 기원전 814년 페니키아가 지금의 북아프리카 튀니지에 세운 도시. 해상 무역이 발달해 한때 지중해 일대에서 가장 부유한 제국을 건설했으나 제3차 포에니 전쟁에서 패배하면서 로마에 의해 완전히 파괴되고 말았다. '포에니'란 라틴어로 페니키아를 뜻한다.

하밀카르 바르카의 아들이었다. 제1차 포에니 전쟁에서 카르타고가 패배하자, 하밀카르는 가족을 데리고 에스파냐로 건너가 에스파냐를 카르타고의 속주로 만들었다. 에스파냐에서 성장한 한니발은 어린 시절 로마를 멸망시키겠다고 신전에 맹세한 뒤 줄곧 로마의 멸망을 삶의 목표로 삼았다. 기원전 221년, 마침내 에스파냐의 총사령관이 된 한니발은 에스파냐와 아프리카 등지에서 용병을 모아 로마에 맞설 준비를 했다. 한니발이 에스파냐에 있는 로마의 동맹시 사군툼을 공격하자, 이에 로마가 전쟁을 선포하면서 기원전 218년 제2차 포에니 전쟁이 일어났다.

기원전 218년 봄, 한니발은 4만 6,000명의 용병 부대와 40여 마리의 코끼리 부대를 이끌고 알프스산을 넘어 로마를 향해 진격했다. 한니발은 로마 북부의 티키누스강과 중부의 트라시메노 호수에서 로마군에게 잇달아 승리를 거두었다. 그리고 기원전 216년 8월, 로마군의 주요 물자 기지인 칸나에 평야를 장악하고 남쪽의 곡창 지대로 통하는 길을 막고서 근처에 있는 아우피두스강 남쪽 기슭에 진을 쳤다.

곡물 수송로가 막힌 로마는 시민병을 모아 8만에 이르는 대군을 꾸리고 칸나에로 진격했다. 그리고 한니발 군 진영에서 북쪽으로 약 9킬로미터 떨어진 곳에 제1진지를 설치하고, 칸나에 평야에 가까운 강 북쪽 기슭에 제2진지를 설치했다. 총 지휘는 두 진지의 지휘관이 하루씩 돌아가며 맡기로 되어 있었는데, 제2진지의 지휘관은 신중했지만 제1진지의 지휘관 바로는 당장 한니발 군과 전투를 벌여야 한다고 주장했다. 로마군은 두 지휘관의 의견을 조정하는 일에만 며칠을 보냈다.

척후병을 보내 로마군의 동정을 살피고 사정을 알게 된 한니발은 바로가 지휘하는 날을 결전의 날로 정하고 때를 기다렸다. 우선은 흩어져 있는 적의 병력을 칸나에와 가까운 제2진지 쪽으로 모아야 했다. 바로라면 한니발이 유인하는 대로 말려들 것이 분명했다.

한니발은 전술을 가다듬기 위해 다시 한 번 주변의 지형을 살펴보았다. 이런 곳이라면 지금까지 로마군이 그랬듯이 바로는 수적 우위만 믿고 정면 공격을 할 것이 분명했다. 당연히 측면이 노출되겠지만 그런 위험 따위는 안중에도 없을 것이다.

'먼저 기병대가 노출된 적의 측면을 기습하고 잇달아 후방까지 포위해 공격하자. 우리 군은 중앙에 약한 부대, 양익에 강한 부대를 배치한다. 중앙의 약한 부대가 후퇴하는 척하며 뒤로 빠져 적을 U자 모양의 자루 속으로 몰아넣는다. 결정적인 순간에 앞뒤로 완전히 포위된 적을 전면전으로 섬멸하는 것이다.'

이것이 바로 한니발 군의 이중 포위 전술이다. 마라톤 전투를 깊이 연구한 한니발이 밀티아데스의 양익 포위 대형 전술을 칸나에에서 펼쳐 적을 함정에 빠트릴 계획을 세운 것이다. 칸나에 평야가 마라톤 평야보다 좁기는 하지만, 기병의 기동 작전과 양익 포위 대형 전술을 펼치기에 무리는 없어 보였다.

전술을 세운 뒤 한니발은 병사들의 사기를 높이기 위해 노력했다. 한니발의 병사들은 보상에 따라 움직이는 용병들로 이루어져 있었다. 용병들은 출신 국가에 따라 옷차림도, 원하는 것도 제각각이라

통솔하기가 쉽지 않았지만, 한니발은 뛰어난 지도력으로 이들을 잘 이끌어 여러 전투에서 승리했다. 용병들이 누구도 넘으리라 예상치 못한 알프스산을 넘은 것도 산을 넘을 경우 부와 명예가 따를 것이라는 한니발의 약속이 있었기에 가능했던 일이다.

"칸나에에서 로마군에 치명타를 입히고 전쟁에서 승리하자. 부와 명예는 너희의 것이다!"

한니발은 다시 한 번 병사들에게 약속했다. 한니발 자신은 부와 명예에 아무런 관심도 없었다. 하지만 일생의 목표인 로마의 멸망을 자기 손으로 이룰 수 있다면, 병사들에게 무엇이든 줄 수 있었다.

드디어 바로가 로마군을 지휘하는 날, 한니발은 동이 트기 전에 군대를 이끌고 로마군 제2진지 쪽으로 향했다. 전투 기회만 손꼽아 기다리던 바로는 곧장 병력을 이끌고 한니발을 뒤쫓아 왔다. 한니발이 아우피두스강을 뒤로 한 채 병력을 멈추자, 로마군은 서둘러 전투 대형을 갖추었다. 한니발이 예상한 대로 로마군은 중앙을 강화시킨 전투 대형을 취했다. 중앙에 15개 군단 6만 5,000명의 보병을 세 개의 대열로 세우고, 정예 기병 2,400명을 우익에, 나머지 기병 4,800명을 좌익에 세운 것이다.

이에 맞서 한니발은 좌익에 정예 중무장 기병 8,000명, 우익에 2,000명의 기병을 배치했다. 로마군을 함정으로 끌어들일 중앙군은 약한 보병으로 배치했고 중앙군 양쪽에는 강한 보병들을 배치했다.

전투를 치를 때 한니발은 언제나 대열 한복판에서 병사들과 함께 싸웠다. 이번에도 한니발은 중앙군을 이끌면서 로마군에 맞서기로 했다.

한니발이 먼저 공격 명령을 내렸다.

"공격하라! 승리는 우리 것이다!"

한니발의 외침과 함께 공격을 알리는 나팔 소리가 길게 울려 퍼졌다. 한니발의 중앙군은 창을 들고 방패를 가슴 앞에 바짝 붙이고서 앞으로 나아갔다. 로마군 진영에서도 나팔 소리가 울렸다. 방패와 투창, 양날 단검인 글라디우스를 손에 든 로마군의 중앙 부대도 일제히 전진했다. 곧 가까워진 두 진영이 백병전을 펼쳤다. 로마군은 두꺼운 갑옷도 뚫을 만큼 튼튼한 글라디우스를 앞세워 한니발 군을 밀어냈다. 한니발은 어쩔 수 없다는 듯 후퇴 명령을 내렸다.

중앙군이 먼저 빠지면서 한니발 군은 U자 모양의 대형을 이루며 물러나기 시작했다. 유인 작전이 시작된 것이다. 하지만 후퇴가 곧 유인술이라는 것은 알아차리지 못한 로마군은 사기가 올라 한니발 군을 몰아붙였다.

그 틈을 타 한니발 군의 강력한 좌익 기병대가 로마군의 우익 기병대를 공격해 무너뜨렸다. 그리고 로마군의 뒤를 돌아가서 좌익 기병대를 배후에서 공격하기 시작했다.

그때까지도 바로는 상황이 어떻게 돌아가는지 알지 못했다. 뒤로 밀리는 한니발의 중앙군만 보고 승리감에 젖어 중앙군을 더욱 밀어붙일 요량으로 세 개의 밀집 대형을 하나로 줄였다.

그때를 놓치지 않고 한니발이 명령했다.

"중앙군은 후퇴를 멈추고 양익은 측면을 포위해 적을 공격하라!"

명령이 떨어지자마자 한니발 군의 양익이 로마군의 측면을 공격하기 시작했다. 세 개의 대형을 하나로 줄여 가뜩이나 병사들 사이의 간격이 좁은데 측면까지 공격당하자, 로마군은 완전히 기동력을 잃고 말았다. U자형의 덫에 빠져 앞과 양옆이 완전히 포위된 터라 로마군이 달아날 수 있는 곳은 후방뿐이었다. 그러나 한니발의 기병대는 한발 앞서 후방까지 포위해 버렸다. 이로써 한니발 군의 대형은 완전한 원 형태가 되었고, 원 안에 갇힌 로마군은 한니발 군이 휘두르는 창과 칼에 줄줄이 쓰러져 갔다.

이날 전투는 로마군이 흘린 피로 평야를 붉게 물들이고 나서야 끝이 났다. 하루 동안 벌어진 이 전투에서 한니발 군은 6,000명이 목숨을 잃은 데 반해, 로마군은 그 여덟 배나 되는 4만 8,000명이 죽고 3,000명이 포로로 잡혔다. 바로 이 전투가 전쟁사에 길이 빛나는 이중 포위 섬멸전, 칸나에 전투이다.

한니발과 제2차 포에니 전쟁

기원전 218년 봄, 로마 진격에 나선 한니발의 군대가 알프스산 밑에 도착했다. 4만 6,000명의 병사와 40여 마리의 코끼리로 이루어진 군대가 눈 덮인 알프스를 넘는다는 것은 누구도 상상할 수 없는 일이었다. 한니발은 그 일을 해냄으로써 로마에 본때를 보여 주고 싶었다. 그래서 병사들에게 부와 명예를 약속하며 진군을 독려했다.

한니발의 군대가 알프스산을 넘어 이탈리아 북부에 다다랐을 때, 코끼리 부대는 전멸하고 병사들도 2만 명이나 죽고 없었다. 하지만 한니발은 모든 로마인들이 두려워하는 사람이 되었다. 그리고 칸나에 전투 이후에 로마를 포위하고 공격함으로써 모든 로마인의 적이 되었다.

그러나 막강한 한니발 군에도 약점은 있었다. 바로 병사들의 수가 적다는 것이었다. 한니발의 군대는 애초부터 로마군보다 병사 수가 적었다. 그런데 원정 과정에서 병사들을 많이 잃어 수가 더욱 줄었다.

그 탓에 한니발 군은 로마를 오래 포위하지 못했다. 더욱이 연전연승에 도취되어 군사들의 기강이 해이해지면서 결국 한니발은 기원전 202년 카르타고에서 벌어진 자마 전투에서 자신이 펼친 전술을 그대로 펼쳐 보인 로마군에 크게 패배하고 말았다. 한니발 전쟁이라고도 불리는 제2차 포에니 전쟁은 이렇게 해서 끝이 났다.

한니발 전쟁을 통해 로마는 세계를 재패할 기반을 다질 수 있었다. 한니발의 전술을 연구하고 익히면서 로마군이 막강한 군대로 성장했기 때문이다. 로마를 멸망시키려던 한니발이 오히려 로마가 제국으로 커 나갈 바탕을 마련해 준 것이다.

카이사르, 파르살루스에서 폼페이우스 군을 대파하다

기원전 49년 어느 날, 갈리아(지금의 프랑스, 벨기에, 이탈리아 북부 일대) 총독에서 하루아침에 평민으로 전락한 율리우스 카이사르는 "주사위는 던져졌다"는 말과 함께 루비콘강을 건너 로마로 진격했다. 카이사르가 이렇게 빨리 쳐들어올 줄 몰랐던 폼페이우스와 원로원의 의원들은 로마를 버리고 그리스로 달아났다. 손쉽게 로마를 차지한 카이사르는 그리스로 건너가 폼페이우스 군과 계속 전투를 벌였다.

그러던 기원전 48년 8월, 카이사르는 파르살루스(지금의 그리스 파르살라 지역) 부근에서 폼페이우스 군과 다시 마주쳤다. 카이사르 군은 에니페우스 강가에 중무장 보병 2만 2,000명, 기병 1,000명으로 진을 쳤다. 폼페이우스 군은 카이사르 군 진영이 마주 보이는 산기슭에 그 두 배나 되는 중무장 보병 4만 7,000명과 기병 7,000명으로 진을 쳤다.

폼페이우스는 거느린 병사의 수도 많았고 지난해 디라키움(지금의 알바니아 두러스)에서 카이사르에게 큰 승리를 거둔 바도 있었다. 하지만 폼페이우스는 먼저 군사를 움직이려고 하지 않았다.

카이사르는 저 멀리 폼페이우스 군의 진지를 바라보며 울컥하는 심정을 억누를 수 없었다. 로마 제국을 위해 목숨을 걸고 싸워 온 자신을 반역자 취급하며 죽이려고 한 폼페이우스와 원로원 귀족들이 바로 저기에 있다. 그들을 물리치지 않는 한 로마의 미래는 없을 것이며 자신도 목숨을 유지할 수 없을 것이다. 카이사르는 이 전쟁에서 승리하는 것 말고는 길이 없었다.

수에서는 밀렸지만 카이사르의 병사들은 갈리아 전쟁 때부터 카이사르와 동고동락한 사이였다. 병사들은 결전의 때를 기다리며 야영지에서 무기를 손질했다. 카이사르는 병사들을 보고 기운을 냈다. 그러고는 주변 지형을 살피며 승리할 방법을 찾기 시작했다. 무엇보다 산기슭에 진지를 구축한 채 움직이지 않는 폼페이우스 군을 진지에서 끌어내는 것이 우선이었다.

그때 에니페우스강의 제방과 그 아래의 평지가 카이사르의 눈에 들어왔다. 평지는 강둑과 산에 가로막혀 많은 수의 기병들이 움직이기에는 상당히 좁았다. 카이사르는 무릎을 쳤다.

'그래, 폼페이우스 군을 저곳으로 유인하자. 좁은 평지에 한쪽은 제방이 막고 서 있으니, 저곳에서 폼페이우스는 기병을 한쪽에 집중 배치해 두었다가 우리의 측면을 포위 공격할 것이다. 그렇다면 나는 적의 허를 찌르는 전술을 펼치겠다. 좁은 곳에서 기동이 어려운 기병

을 보병이 상대하게 하는 것이다!'

평지전에서 보병이 기병을 상대하는 것은 흔히 생각할 수 있는 전술이 아니었다. 기병은 기병이 상대하는 것이 일반적이었다. 그러나 카이사르는 보병이 기병을 막는 전술을 생각해 냈다. 기병은 좁은 곳에서 마음껏 움직일 수 없지만 보병은 움직임에 구애를 받지 않으므로 승산이 있다고 본 것이다.

카이사르는 즉시 병사들에게 야영지를 옮기는 척 평지로 나가라고 명령했다. 카이사르 군이 움직이는 것을 본 폼페이우스는 옳다구나 싶었다. 평지라면 병력이 우세한 자신들이 유리할 수밖에 없었다. 곧 폼페이우스 군도 평지로 향했다.

이윽고 원래 같은 로마군이었으나 이제는 적이 된 양측의 병사들이 대치했다. 폼페이우스 군은 제방을 오른쪽에 두고 가로 세 줄로 길게 중무장 보병대를 세웠다. 기병 7,000명은 카이사르가 예상한 대로 모두 중무장 보병대 왼쪽에 배치했다. 카이사르 군은 제방을 왼쪽에 두고 가로 세 줄의 중무장 보병대를 배치했다. 제3열의 보병대는 격전이 벌어졌을 때 투입할 예비대였다. 중무장 보병대의 오른쪽에는 기병 1,000명을 전원 배치했고, 그 뒤에는 정예 보병 2,000명을 배치했다. 바로 이들이 폼페이우스 군의 기병대를 공격해 결정적인 전술을 펼칠 보병 지원대였다.

전투 대열이 갖추어지자 카이사르는 선제공격을 명령했다.

"진격하라!"

나팔 소리가 울리자, 쇠사슬 갑옷을 입고 방패와 장창을 들고 글

파르살루스 전투에서 카이사르 군과 폼페이우스 군의 배치
전투 장소 양쪽으로 각각 제방과 산기슭이 있어 기병들이 기동하기 어려웠다. 이런 점을 고려해 카이사르는 우익의 기병 뒤에 최정예 보병들을 배치해 이들이 적군의 기병을 상대하게 했다.

라디우스를 허리에 찬 카이사르 군이 진격을 시작했다. 폼페이우스 군도 같은 무장을 하고 진격했다. 그런데 카이사르 군과 아직 한참 떨어져 있는 지점에서 폼페이우스가 정지 명령을 내렸다. 카이사르 군이 더 많이 움직여 지치게 되면 그 틈을 타서 좌측의 기병대가 포위 공격을 벌일 계획이었던 것이다.

전투 경험이 많은 카이사르 군은 폼페이우스 군의 작전을 단박에 알아차렸다. 그래서 일단 전진을 멈추고 숨을 고르며 전열을 가다듬었다. 그러고는 폼페이우스 군과의 거리를 좁히고 일제히 창을 던진

다음, 양날검인 글라디우스를 뽑아 들고 함성을 지르며 적진으로 달려 나갔다.

뒤이어 양쪽 군사들 사이에 치열한 백병전이 펼쳐졌다. 폼페이우스 군은 만만하지 않았다. 많은 병사들이 빽빽하게 밀집한 보병 대열은 좀처럼 흐트러지거나 틈이 생기지 않았다. 오히려 카이사르 군의 보병들이 수적 열세를 이기지 못하고 칼에 맞아 쓰러져 갔다.

그때를 노리고 있던 폼페이우스의 기병대가 먼지바람을 일으키며 카이사르의 기병대를 향해 달려 나왔다. 이제 양측 기병대 사이에도 접전이 펼쳐졌다. 장창이 하늘을 날아다녔고, 양측 기병들이 휘두르는 칼이 서로의 둥근 방패에 부딪혔다. 그러나 폼페이우스의 기병은 7,000명이고 카이사르의 기병은 1,000명에 불과했다. 결국 카이사르의 기병대는 뒤로 밀리면서 후퇴했다.

진짜 싸움은 이때부터였다. 폼페이우스의 기병대가 카이사르의 기병대를 뒤쫓느라 좁은 장소에 더욱 밀집하게 되면서 대열이 무너지고 있었던 것이다.

카이사르는 기회를 놓치지 않았다.

"적의 기병 전열이 무너졌다. 보병 지원대는 공격을 시작하라!"

카이사르의 명령이 떨어지자 기병대 뒤에서 대기하고 있던 보병 지원대가 장창을 들고 나와 폼페이우스 기병대를 공격했다. 이들은 여느 보병처럼 창을 던져 공격하지 않았다. 대신 장창을 손에 꽉 움켜쥐고서 말과 기병들의 몸을 찔렀다. 창에 찔린 말들이 미친 듯이 날뛰고 말에서 떨어진 기병들이 카이사르 군의 글라디우스에 찔려 비명을 질렀다. 폼페이우스 기병대의 대열은 완전히 흐트러졌고, 그 사이 카이사르의 기병대가 보병과 힘을 합쳐 폼페이우스 기병대를 포위해 공격하기 시작했다. 견디다 못한 폼페이우스의 기병대가 달아나자 카이사르의 기병대가 이들을 쫓아갔고, 보병 지원대는 적의 기병대가 후퇴하면서 뚫린 진열의 측면으로 들어가 폼페이우스 보병대의 측면을 공격했다.

카이사르가 신속하게 다음 명령을 내렸다.

"제3열의 병사들은 진군하라! 총공격이다!"

이제 카이사르 군은 예비대로 남아 있던 제3열 병사들까지 앞으로 나와 앞과 옆에서 동시에 폼페이우스 군을 공격했다. 폼페이우스는 기병대가 달아나면서 급격하게 사기가 떨어진 군대가 총공격을 받고 무너지기 시작하자, 부하 몇을 데리고 달아나 버렸다. 이내 적 기병대를 추격하던 카이사르 군의 기병대까지 돌아와 전투에 합류하면서, 폼페이우스 군은 후방에서도 공격을 받게 되었다. 결국 폼페이우스의 병사들은 무기를 버리고 카이사르 군에 항복했다. 여세를 몰아 카이사르 군은 적의 진지까지 빼앗았다.

이 싸움에서 폼페이우스 군은 1만 5,000명이 죽고 2만 4,000명이 포로로 잡혔다. 그러나 카이사르 군은 230명의 전사자를 내는 데 그쳤다. 카이사르의 빛나는 전술과 지휘가 빚은 완벽한 승리였다.

이탈리아 로마에 있는 카이사르 동상

파르살루스 전투의 배경과 카이사르

　기원전 49년 무렵, 로마에서는 귀족파와 평민파가 권력을 놓고 치열하게 다투고 있었다. 귀족파는 폼페이우스를 지도자로 지지하고, 평민파는 카이사르를 지지했다. 그런데 갈리아 전쟁을 승리로 이끌면서 카이사르의 세력이 지나치게 커지자, 위기를 느낀 귀족파는 원로원과 결탁해 카이사르를 없애려고 했다. 이에 반발한 카이사르가 군대를 거느리고 로마로 쳐들어오면서 로마는 내전을 겪게 되었다.
　병력과 군량의 열세를 뛰어난 전술로 극복하고 파르살루스 전투에서 승리를 거둔 카이사르는 기원전 45년 종신 집정관이 되어 강력한 1인 통치 시대를 열고 로마 제국 전체를 지배했다.

그 뒤 카이사르는 태양력인 율리우스력을 만들고, 시민의 권익을 높이기 위해 원로원의 의원 수를 늘이고, 시민권을 잃은 사람의 자식도 관리가 될 수 있게 하는 등 여러 가지 개혁 정책을 펼쳤다. 그러다가 권력욕에 사로잡혀 왕이 되겠다는 야심을 드러내면서, 원로원과 공화정으로 돌아가기를 바라는 사람들에게 반발을 사 기원전 44년 3월에 결국 암살당하고 말았다.

항우,
사면초가의 궁지에 몰리다

　기원전 202년 어느 날, 한나라 왕 유방은 참모 장량의 말을 듣고 생각에 잠겼다.

　진나라가 멸망한 뒤 유방은 중국 전체의 패권을 놓고 오랫동안 초나라의 왕 항우와 전쟁을 치렀다. 두 나라가 직접 벌인 싸움에서는 대부분 초나라가 승리했으나, 한나라는 명장 한신의 활약에 힘입어 북방의 제후국*들을 손에 넣고 초나라를 후방에서부터 압박해 들어갔다. 이 때문에 승부가 쉽게 나지 않자, 유방과 항우는 결국 전쟁을 중단하고 홍구를 경계로 중국 땅을 나눠 갖기로 합의했다. 그런데

* 제후국　황제 밑에서 일정한 영토를 얻어 백성을 다스리는 왕을 '제후'라고 하고, 제후가 다스리는 나라를 '제후국'이라고 한다. 진나라를 멸망시킨 뒤 항우는 공을 세운 부하 장수들에게 영토를 나누어 주고 각각 제후로 삼았다. 이때 변방의 작은 땅 한나라를 다스리게 된 유방은 불만을 품고 항우를 상대로 초한전을 벌였다.

장량은 군사를 일으켜 다시 항우를 쳐야 한다고 말했다.

"항우는 전투에서 줄곧 승리했지만 후방의 기지는 확보하지 못했습니다. 휴전 제의를 그쪽에서 먼저 한 것도 이로 인해 병력과 물자를 대기 어려워졌기 때문이지요. 그러나 폐하께서는 후방이 되어 줄 제후국을 여럿 거느리고 있습니다. 당장 전쟁을 다시 치러도 병력이나 물자 조달에 어려움이 없지요. 그러니 지금이 폐하께는 중요한 기회입니다. 이때를 놓치고 항우에게 병력과 군량을 회복할 기회를 주면 천하의 패권이 영영 폐하에게서 멀어질지 모릅니다."

결국 유방은 승부를 보는 쪽을 선택했다. 한신을 비롯해 각지에 머물고 있던 유방의 참모들이 군사를 거느리고 모여들었다. 농촌 마을의 이름 없는 하급 관리 출신인 유방이 정예군을 거느린 초나라 귀족 출신의 무장 항우를 상대할 수 있었던 데는 한초삼걸*을 비롯한 뛰어난 참모들의 공이 컸다.

참모들과 제후들이 합류함으로써 유방은 100만이 넘는 대군을 거느리게 되었다. 이에 반해 항우의 군사들은 모두 합쳐 30만에 불과했다. 병력만 놓고 보면 상대가 되지 않는 싸움이었지만 항우는 지금까지 전투에서 한 번도 진 적이 없는 명장이었다.

한나라군의 지휘를 맡은 한신은 항우와 정면으로 맞서서는 승산

---

* **한초삼걸** 유방을 도와 한나라 건설에 공을 세운 장량, 소하, 한신을 일컫는다. 장량은 장막 안에서 세운 전략으로 천 리 밖의 승리를 가져올 만큼 뛰어난 전략가였고, 소하는 후방의 총사령관으로 전방에 식량과 보급품을 효과적으로 지원해 승리의 밑거름이 되었다. 한신은 처음에 항우의 편에 섰으나, 항우가 자신을 알아주지 않자 유방에게 합류해 한나라의 장수가 되었다.

이 없다고 생각했다. 그래서 유인술을 써서 항우를 도성에서 끌어낸 뒤 해하(지금의 안후이성 링비현)에서 급습해 겹겹이 포위했다.

항우는 이때 처음으로 전투에서 지고 군사 20만을 잃었다. 뒤를 받쳐 줄 후방 기지가 없었던 터라 항우는 더 이상 군사를 잃으면 뒷날을 기약할 수 없었다. 이렇게 해서 남은 병력을 거느리고 무사히 팽성(지금의 장쑤성 쉬저우)으로 돌아가려고 하는 항우와 돌려보내지 않으려는 한신 사이에 결전이 벌어지게 되었다.

전투를 앞두고 한신이 휘하의 장수들에게 말했다.

"지난 전투에서는 다행히 우리가 승리했지만 항우는 여전히 쉬운 상대가 아니다. 더욱이 생전 처음 패배를 맛보고 잔뜩 독이 올라 있을 테니 어떤 힘을 발휘할지 알 수 없다. 그러니 정면 승부에 앞서 먼저 항우의 힘을 빼 놓아야 한다. 심리전을 펼쳐 초나라 군사들이 스스로 전쟁을 포기하도록 하는 것이다."

한 장수가 물었다.

"생각해 놓은 방법이라도 있으신지요?"

"지금부터 우리 군사들에게 초나라 노래를 가르치도록 하라."

"초나라 노래를요? 노래로 어떻게 초나라를 이길 수 있다는 것인지요?"

"이 전투에 동원할 수 있는 모든 군사들을 거느리고 온 터라 항우도 초나라 군사들도 내심 도읍 팽성이 무사한지 불안해하고 있을 것이다. 그런데 우리 군사들이 초나라 노래를 부르면 어떻게 되겠는가? 팽성도 이미 우리 손에 들어왔다고 생각하고 초나라 군사들은 싸울 의지를 잃을 것이 분명하다. 우리는 그때를 노려 항우를 칠 것이다."

처음으로 항우에게 패배를 안겨 준 한신은 과연 지혜로웠다. 장수들은 고개를 끄덕이고 각자 자기 진영으로 돌아갔다. 그러고는 초나라 군사들 중 포로로 잡히거나 투항한 자들을 모아 한나라 군사들에게 초나라 노래를 가르치게 했다.

그날 밤, 한나라군의 전 진영에 있는 군사들이 일제히 초나라 노래를 부르기 시작했다. 노랫소리는 항우의 진영까지 울려 퍼졌다.

초나라 군사들이 술렁거렸다.

"팽성도 함락된 거야? 어떻게 사방에서 초나라 노래가 들리지?"

병사들은 두려움에 떨었다.

노랫소리는 막사에 있던 항우의 귀에도 들렸다. 항우는 지금의 패배가 전진을 위한 일보 후퇴라고 생각하며 애써 마음을 다잡고 철군을 준비하고 있었다. 그러다가 한나라군 진영에서 초나라 노래가 흘러나오자 간이 철렁 내려앉았다.

'사방에서 초나라의 노래가 들리니 사면초가로다. 이 일을 어쩌면 좋단 말인가?'

걱정이 된 항우는 막사에서 나왔다. 그런데 초나라 병사들이 무기를 버리고 줄줄이 달아나고 있는 게 아닌가? 항우는 깜짝 놀라 장수들에게 병사들의 이탈을 막으라고 명령했다. 그러나 장수들마저 속속 진지를 떠나고 있었다.

"나를 도와야 할 사람들이 모두 유방에게 가 버렸구나. 이제 누가 유방과 맞서 싸운단 말인가?"

그동안 항우는 한나라와 싸우면서 동시에 자신을 등지는 제후국들과도 싸워야 하는 부담을 지고 있었다. 그런데 이제 군사들까지 자신을 떠나고 있었다.

항우는 땅이 꺼질듯 한숨을 쉬며 막사로 돌아왔다. 막사에서는 애첩 우희가 걱정스러운 얼굴로 항우를 기다리고 있었다. 항우는 우희와 술을 마시며 각오를 새롭게 다졌다.

"나는 패배를 모르는 명장 항우다. 이 따위 위기에는 지지 않는다. 기필코 팽성으로 돌아가 힘을 추스르고 황제로 우뚝 설 것이다."

우희는 그러한 항우에게 부담을 지우지 않으려고 항우 앞에서 스스로 목숨을 끊었다. 슬픔에 젖어 있을 겨를도 없이 항우는 800명의 기병으로 결사대를 꾸렸다. 그러고는 이튿날 날이 밝기 무섭게 한나라군의 포위망을 뚫고 달아났다.

항우의 탈출 소식을 들은 한신은 기병 5,000명을 보내 항우를 추격했다. 그러자 항우의 결사대에서도 이탈자가 생겨났다. 오강에 이르렀을 때 항우에게 남은 기병은 스물여덟 명뿐이었다.

추격해 온 한나라군은 이내 항우의 결사대를 포위했다. 뒤는 세찬 강물이 가로막고, 앞은 한나라군이 에워싸 역발산기개세*의 장사 항우도 꼼짝없이 갇히게 되었다. 항우는 이곳이 삶을 마칠 장소임을 깨달았다. 하지만 한나라 군사들에게 죽임을 당하는 것은 자존심이 허

---

* **역발산기개세** 해하에서 마지막 전투를 치를 때 항우가 우희에게 남긴 시 〈해하가〉의 첫 번째 구절이다. '힘은 산을 뽑을 만큼 세고 기개는 세상을 덮을 만큼 웅대하다(역발산기개세).' 이 시를 들은 뒤 우희는 스스로 목숨을 끊음으로써 항우(패왕)와 헤어졌다. 경극으로 유명한 '패왕별희' 이야기는 이 일화에서 비롯되었다.

락하지 않았다. 항우는 말을 몰고 앞으로 달려 나가 한나라군을 이끌던 한 장수의 목을 벴다. 그러고는 피가 흐르는 칼을 자신의 몸속으로 깊이 찔러 넣었다. 이로써 항우는 죽음을 맞았고 유방은 5년에 걸친 초한전을 끝내고 중국을 통일했다.

초한전에서 유방이 승리한 까닭

중국 최초의 통일 국가 진나라를 세운 진시황은 가혹한 탄압 정치를 일삼고 대규모 토목 공사를 벌였다. 진시황이 죽자 폭정에 신음하던 백성들이 전국에서 들고일어났다.

반란의 지도자 중 대표적 인물이 유방(기원전 247~195)과 항우(기원전 232~202)였다. 유방과 항우는 기원전 206년에 힘을 합쳐 진나라를 멸망시키고는 기원전 206년부터 기원전 202년까지 중국의 패권을 놓고 초한전을 벌였다.

초기에는 훈련된 군사들을 많이 거느린 항우가 절대적으로 유리했다. 유방은 항우와 직접 맞붙은 전투에서는 거의 이긴 적이 없었다. 그러나 최후의 승자는 유방이었다.

유방은 민심을 얻는 법을 잘 알아 농민들을 지지 기반으로 끌어모았다. 제후국을 평정할 때도 관용 정책을 펴 인심을 얻었다. 반면에 항우는 중국에서 가장 용맹한 장수였지만 포악했다. 제후국을 평정할 때 약탈과 방화를 일삼았고 제후국의 왕을 죽이는 일도 서슴지 않았다. 인재를 뽑아 쓰는 일에서도 유방이 항우보다 한 수 위였다. 유방은 신분에 관계없이 재능 있는 자를 뽑아 쓰고 부하 장수들을 잘 다스렸다. 그러나 항우는 충신마저 믿지 않았다. 지략과 전략 면에서도 후방 기지의 확보에 힘쓴 유방이 후방 기지를 갖추지 못한 항우보다 훨씬 유리했다.

  결국 항우는 천하 통일에 실패했다. 민심을 읽을 줄 알고, 인재를 활용할 줄 알았으며, 장기전에 대비해 후방 기지 확보에 성공한 유방이 결국 승리를 거둔 것이다.

조조의 20만 대군을 섬멸한
적벽 대전

때는 서기 208년, 조조가 중국 북쪽을 평정하고 도망치는 유비를 쫓아 남하할 무렵이었다.

조조는 심사가 편치 않았다. 벌써 한 달째 병사들이 뱃멀미로 시름시름 앓고 있었다. 중국 통일을 내걸고 오랫동안 전쟁을 치러 오느라 이미 지칠 대로 지친 상태에서 갑자기 배를 타야 했기 때문이다. 이제껏 육지에서만 싸워 온 조조의 병사들은 배 위의 생활에 도무지 적응하지 못했다. 하지만 강 건너에 유비와 손을 잡은 손권의 수군이 진을 치고 있었으므로 그들을 공격하려면 달리 방도가 없었다.

양자강 일대가 따뜻하다고는 해도 겨울바람은 드셌다. 강변의 세찬 바람이 조조 군의 배를 뒤흔들자, 일부 병사들이 뱃전 밖으로 구역질을 해 댔다.

"으으으…."

"읍!"

쯧쯧, 약해 빠진 놈들 같으니라고! 조조는 마땅찮다는 듯 고개를 돌렸다. 한숨이 절로 나왔다. 이미 이곳 적벽에서 벌어진 첫 전투에서, 조조는 20만 대군을 이끌고도 5만밖에 되지 않는 손권과 유비 연합군에 패배했다. 조조의 군사는 이제껏 뭍에서만 싸워 온 병사들로 물 위에서는 제대로 싸울 수 없었던 반면, 양자강이 삶의 터전인 손권의 오나라 군사들은 수군 정예 부대였기 때문이다.

첫 전투에서 패한 조조는 양자강을 사이에 두고 적벽을 마주 보는 북철오림(지금의 후베이성 훙후호 동북쪽)으로 함대를 물렸다. 이대로는 도저히 승산이 없어 보였다. 아무리 20만 대군이라 한들, 몸조차 제대로 가누지 못하는 상태에서 어떻게 싸워 이긴단 말인가? 병사들이 몸을 추스르지 못하면, 그야말로 백전백패였다.

조조는 양자강을 바라보며 시름에 잠겼다. 그 순간 머릿속에 좋은 생각이 떠올랐다. 모든 배를 서로 연결해서 쇠사슬과 나무판으로 고정시켜 놓으면, 바람이 불고 강물이 출렁여도 배가 심하게 흔들리지 않을 것이다. 그러면 군사들도 멀미를 멈추리라!

과연 조조의 생각은 옳았다. 수많은 배들을 거대한 사슬처럼 서로 묶자, 배는 더 이상 흔들리지 않았고 뱃멀미로 신음하던 군사들도 차츰 기운을 차리기 시작했다. 당연히 병사들의 사기도 올라갔다. 물 위에서는 오합지졸이나 다름없던 조조의 20만 대군이 드디어 힘을 되찾자, 전세는 한순간에 뒤바뀌었다. 손권과 유비의 연합군이라고는 해도 5만밖에 되지 않는 병사들로 20만 대군을 상대하기는 힘겨워 보였다.

손권과 유비의 연합군은 싸우기도 전에 그만 기가 꺾이고 말았다. 적벽에 진을 치고 있던 연합군의 지휘관 주유는 머리가 지끈거렸다. 겨우 5만에 불과한 병력으로 사기가 충천한 20만 대군을 상대해야 한다니…. 더구나 조조 군은 북부의 최강자였던 원소를 이기고 승승장구하며 내려와 형주에서 성주의 항복을 받고 엄청난 식량과 무기까지 챙긴 상태였다. 그러니 전쟁을 오래 끈다면 연합군에게 득이 될 게 없었다. 조조의 군사들이 배 위에서 지내는 데 적응하기 전에 빨리 전쟁을 끝내는 편이 유리했다.

이심전심일까. 마침 주유의 부하 장수 황개가 긴히 할 말이 있다고 했다. 주유가 주위를 물리치고 황개를 들라 하자, 황개가 소리를 낮추고 말했다.

"장군, 이는 하늘이 준 기회입니다!"

황개의 말에 주유는 눈을 번쩍 떴다. 황개가 나지막이 아뢰었다.

"화공 전법을 쓸 절호의 기회입니다. 그리하면 적들은 모두 불에 타서 스러지지 않겠습니까!"

주유는 황개의 꾀에 무릎을 쳤다.

화공 전법. '불을 질러 적을 물리친다'는 오래된 전법으로, 지금 조조 군에게 쓰기 딱 좋은 전법이었다. 배들이 지금처럼 서로 단단히 묶여 있으면, 불길이 순식간에 전 함대에 번질 것이기 때문이다.

주유는 수염을 쓰다듬으며 회심의 미소를 지었다. 그러고는 당장 황개에게 적진에 투입할 배들을 준비하라 일렀다. 황개는 십여 척의 몽충*과 배 위에 울타리를 친 투함을 준비해 마른 갈대와 장작 등 불에 잘 타는 것들을 잔뜩 싣고 고기 기름을 듬뿍 뿌려 놓게 하였다. 여기에 불을 붙여 조조의 함대를 들이받게 할 요량이었다. 황개는 배들 위에 붉은색 천을 덮어 군량미인 것처럼 위장한 뒤, 용이 새겨진 깃발을 높이 세워 다른 배들과 구별되게 했다. 그런 다음 몽충과 투함 뒤에 큰 배를 따르게 하고, 그 큰 배에 작고 가볍고 빠른 소형 전함 수십 척을 묶어서 뒤따르게 했다.

"작은 전함에 힘세고 날랜 병사들을 실어 거대한 쇠로 만든 북과 깃발을 들고 앉아 있게 하라! 몽충과 투함이 화공을 시작하면, 그들로 하여금 재빨리 작은 전함을 타고 나와 뒤쪽의 무장한 군사들에게 북을 울려 주도록 하여라!"

그 소리를 신호로 연합군이 불길에 휩싸인 조조 군 함대로 돌격해 단숨에 무찌른다는 작전이었다.

그러나 과연 어떻게 강 건너 북철오림에 있는 적진까지 무사히 접근할 것인가? 적벽과 북철오림 사이를 흐르는 양자강의 폭은 무려 2.5킬로미터에 달했다. 이 드넓은 강을 수십 척의 배가 적의 눈에 띄지 않고 무사히 건넌다는 것은 사실 불가능했다. 만약 적의 눈에 띄어 강 한복판에서 불화살이라도 맞는다면, 공격도 하기 전에 아군의

---

* **몽충** 좁고 긴 전투형 배. 선체가 쇠가죽으로 싸여 있어 날아오는 화살과 돌을 헤치고 앞으로 나아가 적의 배와 충돌하여 배를 파괴했다. 황개는 이 배를 화공 작전에 활용하였다.

배만 잃게 될 터였다.

주유는 은밀히 황개를 불렀다. 그러고는 황개로 하여금 조조에게 거짓 항복 편지를 보내게 했다. 조조가 경계심을 풀면, 미리 준비해 둔 배를 몰고 가서 화공법으로 조조 군을 물리칠 계획이었다.

'항복하겠다고? 주유의 충신 가운데 충신인 황개가, 어찌하여 갑자기 항복을 한단 말인가?'

편지를 받아 든 조조는 고개를 가로저었다. 편지에 따르면, 황개와 연합군 병사들은 이미 이 싸움에서 조조 군을 이길 수 없다는 것을 알고 있는데, 오직 주유만이 공명심에 사로잡혀 항복하자는 장수와 병사들을 겁쟁이와 배신자로 몰아붙이고 있다고 했다. 하여 주유 장군을 버리고 자신을 따르는 군사들과 함께 군량미를 싣고 항복하러 갈 테니 부디 받아 달라는 것이었다.

'전투가 벌어지는 날, 선봉에 저 황개가 용이 그려진 깃발을 꽂고 나타나면 항복하는 것이라 생각하고 부디 받아 주십시오.'

편지 말미에 쓰인 구절을 내려다보던 조조는 의심의 눈빛으로 황개의 편지를 가져온 사람을 노려보았다.

"너 이놈, 바른대로 말해라! 황개라면 군주를 위해서 목숨도 버릴 충신이 아니더냐? 그런 자가 어찌하여 군사들을 이끌고 투항할 수가 있단 말이냐! 목숨이 아깝거든, 바른대로 말해라!"

그러자 편지를 가져온 사람이 고개를 조아리며 말했다.

"승상께서도 아시다시피, 황개 장군은 오나라에 공을 많이 세운 충신 중에 충신입니다. 허나 오만 방자한 주유는 황개 장군을 홀대하고 있습지요. 그런 터에 황개 장군이 항복을 권하자 그가 노발대발하였습니다. 이제 황개 장군은 언제 죽임을 당할지 모르는 처지입지요. 그러니 어찌 승상께 오지 않을 수 있겠습니까?"

그는 조조의 눈치를 힐끗 보고는 넌지시 덧붙였다. 평소에는 감시가 너무 심해서 도저히 탈출할 엄두를 낼 수가 없으니 전투 중에 공격하는 척하면서 항복하는 수밖에 없다고.

조조는 천천히 고개를 끄덕였다. 목숨이 위태로울 지경이라면, 제아무리 충신이라 한들 어찌 자신의 주군을 믿고 끝까지 섬길 수가 있을 것인가? 듣고 보니 그럴싸했다. 더구나 조조가 누군가? 중국 북쪽을 평정한 영웅이 아니던가? 어쩌면 저 용맹하고 충성스러운 황개조차 자신을 추앙하고 있었을지도 모르는 일 아닌가. 조조는 우쭐해졌다. 결국 그 자만심이 판단력을 흐려 놓아 조조는 황개와 주유의 꾀에 넘어가고 말았다.

208년 12월 7일, 마침내 결전의 날이 밝았다. 황개는 아침부터 불어 대는 동남풍을 보며 회심의 미소를 지었다. 하늘도 연합군을 도우려는 듯 조조 군 쪽으로 바람이 불고 있었다. 화공 전법을 쓰기에 안성맞춤이었다. 황개는 용이 그려진 깃발을 꽂은 열 척의 몽충과 투함을 먼저 출발시키고, 작은 전함들을 묶어 놓은 큰 배와 무장한 군사들을 실은 배를 뒤따르게 했다.

이윽고 열 척의 몽충과 투함이 강 한복판에 도달하자, 황개는 곧바로 거기에 탄 군사들에게 돛을 펴서 조조 군 쪽으로 돌진하라고 일렀다. 그러고는 조조 군 진영을 향해 큰 소리로 외쳤다.

"항복하러 왔소이다!"

그러자 황개의 군사들도 일제히 큰 소리로 항복하겠다고 외쳤다.

배 위에 있던 조조의 군사들이 황개가 항복하는 광경을 구경하려고 몰려들었다. 황개가 이끄는 몽충과 투함 위에 '용이 그려진 깃발'이 바람에 펄럭이고 있었다.

조조의 군사들은 희희낙락했다. 황개의 배들은 이제 조조 수군의 700미터 앞까지 다가와 있었다. 연합군의 충성스러운 장수인 황개가 조조 군에게 투항한다면 싸움은 더 이상 하나마나였다. 벌써 여기저기서 환호성이 터져 나오기 시작했다.

그러나 바로 그때였다. 몽충과 투함 뒤의 큰 배에 묶여 있던 작은 전함들이 갑자기 큰 배에서 떨어져 나오더니, 앞서 가던 열 척의 몽충과 투함에서 시뻘건 불길이 치솟았다.

"불이다!"

조조 군 진영에서 누군가 다급하게 소리쳤다. 그와 동시에 몽충과 투함에 타고 있던 연합군 군사들이 일제히 강으로 뛰어들었고, 몽충과 투함은 불길에 휩싸인 채 거센 바람을 타고 조조 군을 향해 불화살처럼 돌진했다.

쿠쿠쿠쿵!

눈 깜짝할 사이에 불타는 배들이 조조 군의 배에 와서 박히는 바람에 조조 군 진영은 순식간에 아수라장이 되고 말았다. 조조 군은 묶여 있던 배들을 풀어 분리시키려고 안간힘을 썼다. 그러나 군사들의 뱃멀미를 멎게 하려고 쇠줄로 단단히 묶어 둔 터라 불길이 삽시간에 모든 배로 번지고 말았다. 조조의 군사들은 불길을 피해 미친 듯이 사방으로 뛰어다녔으나, 도망갈 길을 찾지 못한 채 양자강 강물로 뛰어들어 목숨을 잃었다.

불은 거센 바람을 타고 조조의 보병 부대가 있는 곳까지 번졌다. 수군과 육군 진영이 모두 불길에 휩싸여 몰살당할 위험에 처한 것이다.

황개는 때를 놓치지 않았다.

"여봐라, 쇠북을 울려라!"

그러자 작은 전함들에 타고 있던 군사들이 함성을 지르며 쇠로 만든 북을 울렸다. 이에 조조 군은 겁에 질렸고, 주유는 화공 작전이 성공했음을 알고 무장한 군사들을 이끌고 나타나 적진을 향해 화살을 퍼부었다. 적벽의 하늘은 순식간에 시뻘건 불길과 연기에 휩싸였고, 조조의 군사들은 비명을 지르며 곳곳에서 불에 타 죽거나 화살을 맞고 쓰러졌다.

조조는 처참하게 쓰러져 가는 병사들 틈에서 주먹을 움켜쥔 채 진저리를 쳤다.

"이, 이럴 수가! 천하의 조조가 놈들에게 능멸을 당했구나!"

조조는 살아남은 군사 100여 명을 이끌고 황급히 북쪽으로 달아났다. 자만에 빠져 상대를 얕잡아 본 조조의 대패였다.

적벽 대전 이후 손권은 자신이 원래 가지고 있던 양자강 하류의 오나라를 더욱 굳건히 지킬 수 있었고, 유비는 조조가 차지하고 있던 형주와 익주를 합쳐 촉한을 세웠다. 중국 통일을 꿈꾸던 조조는 적벽 대전에서 패한 뒤 양자강 북쪽으로 달아났고, 훗날 그의 아들 조

비가 위나라를 세웠다.

　결국 중국을 통일하려던 조조의 계획은 무너지고, 중국은 삼국으로 나뉘었다. 오나라, 위나라, 촉한. 바야흐로 후한 시대가 막을 내리고 삼국 시대의 막이 오른 것이다.

적벽 대전과 중국의 삼국 시대

　중국 후한 말, 왕조가 부패하면서 백성이 살기 힘들어지자 곳곳에서 농민 반란이 일어났다. 특히 대규모 농민 반란인 '황건적의 난'이 일어나 세력을 키워 가자, 왕조는 지배력을 잃었다. 이에 전쟁을 일으켜 왕조를 무너뜨리고 새로운 나라를 건설하려는 군인 세력들이 곳곳에서 등장했다.

　그 혼란 속에서 황건적의 난을 진압한 이가 바로 조조였다. 이를 계기로 조조는 고위 관직에 올라 자신의 군대를 조직할 수 있었고, 이 병력으로 중원(허난성을 중심으로 하는 화베이 평원)을 장악했다. 조조는 무너져 가는 후한을 일으켜 세우겠다는 명분을 내세워 아무런 힘이 없던 후한 황제를 등에 업고 중국을 통일하기 위한 전쟁을 벌였다.

　이에 중국 북부에서 막강한 세력을 지니고 있던 원소가 유비와 연합해 조조의 군대에 맞섰다. 하지만 조조의 계략에 말려들어 관도에서 크게 패하고 엄청난 병사와 물자를 조조에게 빼앗기고 말았다. 조조에게 패한 뒤 원소는 죽음을 맞이했고, 유비는 자신을 따르는 군사들을 데리고 재빨리 남쪽으로 도망쳐 오나라의 손권에게 갔다. 중국 남부의 형주, 익주 등을 평정한 조조의 군대는 승승장구하면서 도망치는 유비를 쫓아갔다.

그사이 유비는 책사 제갈량의 지략으로 손권과 연합하여 전열을 정비한 뒤 양자강 남쪽 강가의 적벽에서 조조와 전투를 벌였다. 이 적벽 대전은 5만 명의 유비·손권 연합군과 20만 명의 조조 군대가 맞붙은 대규모 전투였다. 군사 수와 사기 면에서 조조가 절대적으로 유리했으나, 방심한 조조는 연합군 장수 황개의 계략에 속아 크게 패하고 북쪽의 후한으로 물러났다. 중국을 통일하려던 조조의 꿈은 그렇게 무너지고 말았다.

이후에도 조조는 후한의 정치적 실권자였지만, 황제를 폐위하고 스스로 황제가 되지는 않았다. 명예보다 현실적인 이익을 중시했기에, 황제를 폐위하면 적이 생겨 자신의 목숨이 위태로워지리라 여긴 것이다. 후한을 멸망시킨 이는 조조의 아들 조비였다. 조비는 220년, 조조가 죽은 직후 후한의 황제를 폐위하고 위나라를 세웠다.

적벽 대전 이후 손권의 오나라는 세력을 더욱 확실히 지키며 관동 방면까지 지배를 넓혀 나갔다. 적벽 대전으로 가장 이득을 본 사람은 유비였다. 유비는 적벽 대전 이전까지 작은 땅덩어리 하나 갖지 못했으나 적벽 대전에서의 승리로 조조가 차지했던 형주와 익주를 차지할 수 있었다. 221년 유비는 그곳에 한의 전통을 계승한 촉한을 세웠다.

이로써 중국의 삼국 시대가 시작되었다. 적벽 대전에서 패한 조조

조조(155~220)
후한 말에 황건적의 난을 진압하면서 고위 관직에 올랐고, 관도에서 원소와 유비의 연합군을 격파하고 중국 북쪽을 평정하면서 최고 관직인 승상에 올랐다. 오랫동안 중국 역사에서 사악하고 간사한 인물로 평가되었지만 오늘날에는 지혜가 뛰어나고 용맹한 장군으로 재평가되고 있다.

유비(161~223)
관우, 장비와 의형제를 맺고 제갈량을 책사로 받아들여 221년 촉한을 세웠다. 용맹한 장군은 아니었으나 후덕하고 지혜로워 많은 이들의 존경을 받았다. 조조는 유비를 살려 두면 중국을 통일하는 데 걸림돌이 되리라 여기고 끝까지 유비를 쫓았다.

손권(182~252)
오나라를 세운 손견의 둘째 아들로 19세의 어린 나이에 왕의 자리에 올랐다. 적벽 대전 당시는 27세였는데, 53세의 백전노장 조조는 전쟁 경험이 없는 손권을 얕보고 항복하라는 편지를 보내기도 했다. 하지만 손권은 인재를 알아보는 재주가 있어 지략가 주유와 충신 황개 등 뛰어난 인물들을 거느렸다.

의 세력이 약해지고 유비와 손권의 세력이 강해져 중국이 세 나라로 나뉜 것이다. 삼국 시대는 위나라의 장군이었던 무제(사마염)가 삼국을 통일하여 서진을 세우기 전까지 약 60년간 지속되었다.

훈족의 기세를 꺾은 아에티우스 장군의
카탈라우눔 전투

"신의 징벌이 시작되었다!"

갈리아 지방 사람들이 공포에 떨며 소리쳤다. 훈족의 왕 아틸라*가 훈족과 게르만 부족들로 구성된 50만 명의 군대를 이끌고 서로마의 영토인 갈리아 지방으로 들이닥친 것이다. 아틸라의 공격으로 갈리아의 수많은 도시들이 순식간에 쑥대밭이 되었고, 아틸라는 두 달도 안 되어 갈리아 중앙까지 쳐들어왔다.

아틸라의 침략 이유는 간단했다. 서로마 황제 발렌티아누스 3세의 누나 호노리아가 자신에게 청혼했으니, 그녀와 서로마 제국의 반을

* 아틸라(406년경~453) 훈족의 최고 전성기를 열었던 왕. 동쪽의 카스피해에서 서쪽의 라인강에 이르는 대제국을 건설하였다. 하지만 정복에만 급급한 나머지 제국을 이어 갈 후계자나 사회, 경제적인 기틀을 마련하지 못했다. 아틸라가 갑작스럽게 죽자 아들들이 서로 싸우다가 제국이 붕괴되었고 훈족은 몰락했다.

결혼 지참금으로 넘기라는 것이었다. 호노리아는 동생인 서로마 황제가 자신이 사랑했던 사람을 처형하고 14년 동안이나 자신을 감금시킨 데 앙심을 품고, 서로마 황제의 친구이자 경쟁자였던 아틸라에게 청혼하며 자신을 구해 달라고 했다. 물론 황제가 이 결혼을 승낙할 리 없었으므로, 이것은 아틸라에게 전쟁을 일으켜 서로마를 쑥대밭으로 만들어 달라는 것이나 마찬가지였다. 격노한 서로마 황제는 당장 호노리아를 감옥에 가두어 버렸고, 평소에 서로마를 탐내던 아틸라는 이를 빌미로 서로마로 쳐들어온 것이었다.

서로마 황제는 집정관(최고 행정관)이었던 아에티우스 장군에게 아틸라의 공격을 막으라고 명령했다. 아에티우스는 곧바로 서고트족, 알란족, 프랑크족 등을 모아 아틸라의 50만 대군에 필적하는 군대를 만들고 아틸라의 뒤를 쫓았다. 50만 대 50만. 이제 100만 대군이 대격돌을 앞두고 있었다.

삽시간에 적을 섬멸한다 하여 '신의 징벌'이라 불리었던 아틸라는 전투의 귀재답게 자신들을 뒤쫓아 온 아에티우스 군대를 지금의 프랑스 북동부 샬롱앙샹파뉴시 근처에 위치한 카탈라우눔 평원으로 유인했다. 아틸라의 병사들은 중앙아시아 초원의 기마 민족으로 말을 타는 데 능숙해서 장애물이 없는 평원이 전투하기에 유리했다. 또 말을 탈 때 등자를 사용한 덕분에 말 위에서 쉽게 중심을 잡을 수 있어 빠르게 달리면서도 무기를 들고 자유자재로 적을 공격할 수 있었다.

그러나 예리한 아에티우스는 아틸라의 전술을 꿰뚫어 보고 있었

다. 어린 시절 훈족의 볼모로 끌려가 오랫동안 훈족과 함께 생활하면서 그들의 전술을 훤히 알게 된 덕분이었다. 더구나 아에티우스는 한때 아틸라와 생사를 함께했던 친구이기도 했다.

'평원은 우리의 무덤이다.'

아에티우스는 평원으로 달려가는 아틸라 군을 바라보며 잠시 군대를 멈추게 했다. 만약 아틸라 군을 여기서 잡지 못하면, 아틸라 군은 또다시 갈리아 지방을 쑥대밭으로 만들 것이 뻔했다. 그러므로 어떻게든 이 싸움에서 결판을 내야 했다.

아에티우스는 고개를 들어 주위를 둘러보았다.

'저 언덕이라면 놈들을 내려다보면서 기습할 수 있으리라!'

기습전. 평원에서 싸우고 싶어 하는 상대를 피해 높은 곳에서 내려다보다가 불시에 적의 약점을 공격하겠다는 뜻이었다. 마침 카탈라우눔 평원 서쪽에는 다른 곳보다 지대가 높은 언덕이 있었다. 아에티우스는 그 언덕과 동쪽의 마른 강 사이에 진을 쳤다. 그러고는 서고트의 왕자 토리스몬드에게 곧장 그 언덕으로 가서 고지를 점령하고 무슨 일이 있어도 사수하라고 명령했다.

한편 아에티우스 진영보다 남쪽으로 내려간 아틸라 군은 아에티우스 군대를 마주 보는 위치에 자리를 잡았다. 그러나 그 상태에서는 토리스몬드가 점령한 언덕에서 자신들의 진영이 훤히 내려다보일 터였다. 뒤늦게 이 사실을 깨달은 아틸라는 토리스몬드가 차지한 언덕을 빼앗기 위해 화살을 쏘아 대며 맹공을 퍼부었다. 그러나 이 출중한 기마 부대도 가파른 언덕 앞에서는 힘을 쓰지 못했다. 평지에서는 그토록 용맹하고 날랬건만, 언덕에서는 토리스몬드 군에게 번번이 패하고 말았다.

아틸라는 초조해졌다. 거침없이 갈리아 지방을 점령하던 위용은 온데간데없이 사라지고, 고작 한 줌의 무리로 언덕을 차지한 토리스몬드 부대에 막혀 고전을 면치 못하고 있지 않은가! 엎친 데 덮친 격으로 주술사의 점괘마저 아틸라 군이 패한다고 나왔다. 그러자 몇 달 동안이나 갈리아 지방에서 전투를 벌이느라 지쳐 있던 아틸라 군의 사기가 급격히 떨어졌다.

다급해진 아틸라는 토리스몬드가 차지한 언덕을 포기하고, 자신들에게 절대적으로 유리한 평원에서 아에티우스 군과 맞붙어 싸우기로 했다. 뒤를 공격당할 위험을 감수하고, 상대의 중앙을 번개같이 돌파해 단숨에 제압하겠다는 심산이었다.

"부하들이여, 저 겁쟁이들에게 본때를 보여 주자! 우리의 힘으로 저들의 힘줄을 끊어 놓고, 뼈를 부숴 버리자!"

451년 6월, 아틸라는 병사들을 이끌고 평원으로 이동했다.

그러나 아에티우스는 아틸라 군의 약점을 정확히 꿰뚫어 보았다. 앞만 보고 빠르게 돌진해 오는 아틸라 군은 정면 싸움에는 강할지 몰라도, 측면이나 뒤쪽은 허약할 수밖에 없었다. 더구나 언덕 위에 있는 토리스몬드 부대는 아틸라 군의 옆쪽에 포진하고 있었다. 아에티우스는 토리스몬드에게 지금의 위치를 굳게 지키라고 명령했다. 아틸라 군이 중앙으로 깊숙이 쳐들어오면, 토리스몬드 부대로 하여금 아틸라 군의 옆과 뒤를 공격하게 할 작정이었다.

이윽고 아에티우스 군의 모습이 보이자, 아틸라가 명령했다.

"첫 투창은 내가 던질 것이다! 싸우지 않고 도망치는 놈은 죽음을 면치 못하리라!"

전투를 알리는 아틸라의 투창이 적진을 향해 날아가자, 아틸라 군의 훈족이 서로마군을 향해 일제히 화살을 쏘아 댔다. 평원의 하늘이 3만 명의 병사들이 쏘아 대는 화살로 시커멓게 뒤덮였다. 훈족의 화살 소리는 '저승사자의 휘파람 소리'로 악명이 자자했다. 날아가는 동안 소름 끼치는 소리가 났기 때문이다. 화살로 기선을 제압한 아틸라 군은 잇달아 함성을 지르며 아에티우스 군을 향해 돌진했다. 중앙에는 기마병인 훈족, 양옆에는 게르만족과 동고트족이 포진한 채 넓은 평원을 가로질러 아에티우스 군에게 달려갔다.

이에 아에티우스는 양옆에 서로마군과 서고트군을 배치했다. 그리고 중앙 앞쪽에는 바로 얼마 전 아틸라와 은밀히 내통하다가 발각된 알란족의 군대를 배치하여 아틸라 군의 주력 부대와 싸우게 했다. 배신자인 알란족을 중앙에 세움으로써 뒤에서 이들을 감시하고, 아틸라가 중앙으로 파고들게끔 유인하기 위해서였다.

아에티우스의 예상대로 아틸라 군은 중앙의 알란족을 향해 일제히 덤벼들어 단숨에 무너뜨렸다. 그러고는 재빨리 서쪽으로 돌아 서고트군을 공격했다. 아에티우스 군 가운데 가장 강한 서고트군은 접근전을 피하고 주로 기마병의 기동력을 이용해 적을 포위하고 적당한 때를 기다렸다 기습 공격하는 전법을 사용했다. 서고트군을 무너뜨린다면, 싸움은 끝난 것이나 마찬가지였다. 창과 칼이 치열하게 맞부딪치고, 올가미가 난무하며, 전투용 도끼에 갑옷과 방패가 뚫리고, 곳곳에서 날카로운 비명이 터져 나왔다.

불행하게도 아에티우스 군에는 아틸라 군을 막아 낼 만큼 잘 훈련된 병사들이 적었다. 중앙을 맡은 알란족은 말할 것도 없고, 주력 부대인 서로마군조차 훈련을 소홀히 한 탓에 나팔 소리만 울려도 겁에 질려 벌벌 떨 지경이었다. 믿을 거라곤 오직 유목민 출신의 막강한 기병 부대였던 서고트군밖에 없었지만, 이들조차 아틸라 군의 집중 공격에 서서히 무너지기 시작했다.

"서고트의 왕이 죽었다!"

아틸라 군 쪽에서 고함 소리가 울려 퍼졌다. 서고트의 왕이 전열을 따라 말을 달리며 군사들의 사기를 북돋아 주다가, 동고트군이 던진 투창에 맞아 말에서 떨어져 죽은 것이다. 지도자를 잃은 서고트군은 우왕좌왕했고, 아틸라는 승리를 확신했다.

그때였다. 서쪽 언덕 위에 진을 치고 있던 서고트의 왕자 토리스몬드의 부대가 말을 타고 화살을 쏘며 구름같이 달려 내려왔다. 그러고는 거의 무방비 상태나 다름없던 아틸라 군의 측면을 치고 뒤까지 포위하기 시작했다. 그러자 서고트군을 집중 공격하던 아틸라 군의 일부가 토리스몬드 부대와 맞붙어 싸우게 되면서 서고트군은 다시 전열을 가다듬을 수 있었다.

이제 아틸라 군은 아에티우스의 서로마군과 서고트군에 둘러싸인 채, 측면을 치고 들어온 토리스몬드 부대에 뒤를 내줘야 할 처지가 되었다. 아틸라는 그제야 유리한 고지를 내준 채 정면 공격에 나선 것이 얼마나 무모한 짓이었는지 깨달았다. 적의 중앙부로 너무 깊이 들어온 아틸라 군은 정면 공격에 집중하느라 뒤를 보호해 줄 후속 부대를 남겨 두지 않았다. 토리스몬드 부대가 측면을 공격하면서 뒤쪽을 포위해 들어오자, 아틸라와 훈족의 병사들은 포위되기 전에 황급히 돌아서서 자신의 진영으로 달아났다.

그러고는 짐마차를 둥글게 쌓고 방어 태세에 들어갔지만, 고작 3만 명만 빠져나왔을 뿐 나머지는 전장에서 아에티우스 군에 포위된 채 줄줄이 쓰러지고 있었다.

이제 아틸라 군의 운명은 한 치 앞도 내다볼 수 없게 되었다. 아에티우스 군이 한꺼번에 공격해 오면 그대로 무너질 판이었다.

'적에게 잡히느니, 스스로 목숨을 끊으리라!'

아틸라는 비장한 얼굴로 그렇게 결심했다. 그런데 아에티우스는 아틸라 진영을 완전히 포위하고도 웬일인지 더 이상 공격하지 않았다. 아틸라 군을 섬멸하면 연합군인 서고트족이 강해져서 언제 서로마를 배신할지 모른다는 계산 때문이었다.

'영원한 친구도, 영원한 적도 없으며 단지 영원한 이익만이 있을 뿐이다.'

이 서양 속담처럼, 당시의 유럽은 오늘 동맹을 맺었다가도 자고 나면 순식간에 적이 되곤 했다. 실제로 서로마는 얼마 전까지만 해도 아틸라의 훈족과 동맹 관계였고, 서고트와 싸우고 있었다. 그러니 어찌 서고트족을 믿을 수 있겠는가?

서고트의 왕자 토리스몬드의 계산도 이와 맞아떨어졌다. 이번 전

450년의 유럽 훈족의 대제국과 동로마, 서로마 제국으로 나뉘어 있다가 결국 서로마 제국은 훈족에 쫓겨난 게르만족에 의해 멸망한다.

쟁에서 아버지가 죽었으니 한시바삐 자기 부족으로 돌아가 왕위를 물려받아야 했다. 안 그러면 다른 형제들이 무슨 짓을 저지를지 모를 일이었다.

결국 아에티우스는 더 이상 아틸라 군을 공격하지 않고 서로마군을 이끌고 퇴각해 버렸다.

이로써 서유럽의 거의 모든 민족이 참가한 이 역사적인 대전투는, 16만여 명의 사상자를 낸 채 막을 내렸다. 유럽에서 맹위를 떨치던 아틸라는 이 전투에서 처음으로 패하면서 더는 서유럽의 맹주로 군림할 수 없었다.

아틸라의 정복 전쟁과 게르만족의 대이동

게르만족은 유럽 북부의 발트해 연안에 살았던 민족으로, 키가 크고 금발 머리에 눈이 파란 백인이다. 고트족, 프랑크족, 앵글로·색슨족, 반달족 등이 게르만족에 속하며, 오늘날 스웨덴, 덴마크, 노르웨이, 네덜란드, 영국, 독일 사람들의 조상을 이룬다.

게르만족은 원래 로마 제국 북쪽에 넓게 퍼져 살았다. 그런데 훈족의 침략을 받아 4세기 말부터 서로마 제국의 영토 안으로 들어오기 시작했다. 훈족은 중앙아시아의 초원 지대에 살았던 유목 민족으로, 극심한 가뭄과 이상 기후로 식량이 부족해지자 서쪽으로 이동해 게르만족을 약탈했다. 말을 타고 달리면서 활을 쏘던 훈족의 군대는 엄청난 기동력과 파괴력으로 유럽 곳곳을 초토화시켰다. 훈족은 어깨와 가슴이 넓고, 선키는 작지만 앉은키가 커서 말 위에 앉으면 몹시 커 보였다. 짐승을 잡을 때 쓰는 올가미를 던져 적을 사로잡기도 하고 공포감을 주기 위해 일부러 자기 뺨에 상처를 내기도 했던 훈족 병사들은 온 유럽 인들을 두려움에 떨게 했다.

게르만족의 이동은 375년 훈족의 침략을 받은 고트족이 이동하면서 시작되었다. 원래 스칸디나비아 반도에 살다 3세기 무렵 흑해 서

북 연안으로 이주해 온 고트족은 이때 훈족의 지배를 받는 동고트족과, 도나우강을 건너 서로마 제국으로 쫓겨 간 서고트족으로 나뉘었다. 그 뒤, 수많은 게르만족들이 서로마 제국의 영토 안으로 쳐들어와 곳곳에 자신들의 왕국을 세웠다. 북아프리카의 반달 왕국, 에스파냐의 서고트 왕국, 이탈리아의 동고트 왕국, 남프랑스의 부르군트 왕국, 북프랑스의 프랑크 왕국, 영국의 앵글로·색슨 왕국 등이 그것이다.

게르만족의 이동은 453년 아틸라의 죽음으로 훈족이 무너질 때까지 대대적으로 이루어졌다. 내부 갈등을 해결하지 못해 몰락의 길을 걷고 있던 서로마 제국은 게르만족에 의해 476년에 멸망했고 이로써 고대 시대가 끝나고 암흑기라 불리는 중세가 시작되었다.

십자군을 물리치고 예루살렘 탈환에 성공한
살라딘의 하틴 전투

　1186년, 십자군* 왕국의 요새 케라크의 영주 레날드가 평화 협정을 어기고 이슬람 대상 행렬을 약탈했다. 레날드가 평화 협정을 어긴 것은 이번이 처음이 아니었다. 레날드는 프랑스 북부 귀족 출신으로 제2차 십자군 원정 때 팔레스타인으로 건너와 케라크의 영주가 된 뒤, 걸핏하면 이슬람 순례자와 대상들을 공격했다. 몇 해 전에는 이슬람교의 창시자 무함마드의 무덤 근처까지 군대를 이끌고 가기도 했다.

　이슬람 세계를 이끌던 술탄 살라딘은 분노했다. 당장이라도 군대

---

* **십자군**　11세기 무렵, 셀주크 제국의 영향력이 커지면서 기독교의 성지 예루살렘과 팔레스타인이 이슬람교도의 지배 아래 들어가게 되었다. 그러자 서유럽의 기독교인들은 성지를 이교도에게 빼앗길 수 없다는 생각에 13세기까지 대규모의 군사를 파견했는데, 이를 십자군이라 불렀다.

를 거느리고 달려가 복수를 하고 싶었지만, 일단 협정에 따라 포로를 석방하고 재산을 돌려주라고 요구했다. 레날드는 들은 척도 하지 않았다. 이에 살라딘*이 항의하자, 예루살렘 왕국(제1차 십자군 전쟁 때인 1099년에 십자군이 오늘날의 이스라엘과 레바논 남부 지역에 세운 나라)의 기 왕은 도리어 레날드를 두둔했다.

살라딘은 팔레스타인에서 기독교 세력을 완전히 몰아내지 않는 한 이슬람교도에게 평화란 없다고 생각했다.

마침내 이듬해 4월, 살라딘은 전 이슬람 세계에 성전을 명령했다.

"약속은 깨졌고 휴전은 끝났다! 성스러운 이슬람의 땅을 더럽히고 이슬람교도를 모욕하는 십자군 국가들을 상대로 지하드(이슬람교에서 신앙을 전파하거나 방어하기 위해 이교도와 벌이는 싸움)를 수행할 것이니, 동맹국들과 제후들은 있는 힘을 다해 병력을 모으라!"

제1차 십자군 전쟁 때 이슬람 세계는 심각하게 분열되어 있었다. 그 탓에 서유럽 기독교 국가들의 공격에 효과적으로 맞서지 못했고 결국 예루살렘까지 내주고 말았다. 하지만 이제는 상황이 달랐다. 모든 이슬람 세력들이 술탄 살라딘을 중심으로 뭉쳐 있었고, 살라딘의 영토는 십자군 왕국들을 완전히 포위할 만큼 넓었다.

사방에서 이슬람 군사들이 살라딘의 진지가 있는 다마스쿠스로 모여들었다. 얼마 뒤, 모두 합쳐 1만 8,000명에 이르는 대군이 요르

---

* **살라딘**(1137~1193) 아이유브 왕조를 창시한 이슬람의 술탄. 본명은 '살라흐 앗 딘 유수프 이븐 아이유브'로, '살라딘'이라는 이름으로 알려져 있다. 분열되어 있던 이슬람 세계를 통일하고 이집트에서 바그다드에 이르는 대제국을 세웠으며 십자군으로부터 성지 예루살렘을 되찾았다.

단강을 건너 예루살렘 왕국을 치러 가기 위해 다마스쿠스를 떠났다.

상황이 급박해지자 기 왕은 휘하의 병력 1만 5,000명을 이끌고 나가 세포리스에 진을 쳤다. 그런데 아무리 기다려도 살라딘의 군대가 오지 않았다. 대신에 갈릴리 호수 서안의 티베리아스에서 전령이 찾아와 다급하게 말했다.

"티베리아스가 이슬람 군대에 함락당할 위기에 놓였습니다. 도시는 이미 점령당했고, 백작 부인과 몇몇 호위병만 성안에서 저항을 계속하고 있습니다. 왕이시여, 부디 구원병을 보내 주십시오!"

살라딘이 세포리스로 진격하는 대신에 티베리아스를 치러 간 것이다. 통치자인 레몽 3세가 군사들을 모두 데리고 세포리스로 왔으므로 티베리아스에는 성을 지킬 병력이 없었다.

티베리아스를 구하러 갈 것인가, 아니면 내버려 두고 세포리스의 진지를 지키는 데 주력할 것인가? 기 왕은 기사들과 귀족들을 모아 놓고 회의를 열었다. 케라크의 영주 레날드와 성전 기사단의 단장 리드포르는 당장 티베리아스로 달려가 이슬람 군대를 물리치자고 주장했다.

그런데 티베리아스의 주인인 레몽 3세는 뜻밖에도 신중해야 한다고 말했다.

"티베리아스는 나의 영토이고, 내 아내는 지금 적들에게 포위되어 있습니다. 하지만 나는 출정에 반대합니다. 적들의 군대는 지금껏 우리가 보아 온 그 어떤 이슬람 군대보다 강력하고, 지금은 1년 중 가장 더운 철입니다. 티베리아스로 진격하면 우리는 이슬람 군대뿐만 아니라 더위와 갈증과도 싸워야 하지요. 성 하나를 되찾으려다가 자칫 왕국 전체를 위험에 빠뜨릴 수 있습니다."

레몽 3세는 몸값을 보내 포로를 돌려받고 티베리아스를 되찾는 일은 뒤로 미루자고 했다. 그러면 더위와 갈증에 시달리며 공격해야 하는 쪽은 살라딘의 군대가 될 테니, 결국 그들도 지쳐서 물러갈 것이라면서.

사실, 이것은 예루살렘 왕국이 이슬람 세력의 공격을 물리치고 지금껏 살아남은 비결이기도 했다. 사막에서 치르는 전쟁은 물을 확보하지 못한 쪽이 절대적으로 불리했다. 그래서 예루살렘 왕국은 물이 풍부한 곳에 튼튼한 성을 쌓아 두고서 이슬람 군대가 공격해 올 때마다 성문을 굳게 잠근 채 성안에서 버티는 전략을 취했다. 그러면 이슬람 군대는 더위와 갈증 때문에 빠르게 지쳐 갔고, 그때를 노려 십자군이 반격에 나섰던 것이다.

오랜 경험에서 나온 주장이었기에 많은 기사들과 귀족들이 레몽 3세의 의견에 동의했다. 기 왕은 결국 레몽 3세의 의견을 따르기로 했다.

그런데 그날 밤, 성전 기사단의 단장 리드포르가 기 왕을 은밀히 찾아왔다.

"속으시면 안 됩니다. 레몽 3세는 자신의 야심을 채우려고 왕의 명예를 더럽히고 있습니다."

야심과 명예. 이 두 단어에 기 왕은 판단이 흐려졌다. 레몽 3세는 기 왕의 경쟁자이자, 기가 예루살렘의 왕이 되는 것에 걸림돌이 되었던 인물이었다. 더욱이 기 왕은 몇 년 전 이슬람 군대의 공격에 적극적으로 맞서 싸우지 않아 비겁하다고 비난을 받은 바 있었다.

 기 왕은 허약한 왕권을 튼튼히 하려면 이번에는 이슬람 군대에 적극적으로 맞서 자기가 레몽 3세보다 낫다는 것을 보여 줘야 한다고 생각했다. 결국 기 왕은 방침을 바꾸어 티베리아스로 진격하기로 결정했다.

 이튿날인 7월 3일 아침, 세포리스의 십자군은 막사를 떠나 티베리아스로 진격했다. 세포리스에서 티베리아스까지는 평소에 네 시간이면 닿는 거리였다. 그러나 한여름의 사막은 병사들의 발걸음을 더디게 했다. 살이 델 듯 뜨거운 햇빛과 열기를 푹푹 뿜어내는 모래 때문에 무거운 갑옷 속에서 병사들의 몸은 익을 것처럼 달아올랐다. 더욱이 살라딘이 보낸 이슬람 기병들이 활을 쏘며 대열의 측면을 계속 공격한 탓에 십자군은 물과 오아시스가 전혀 없는 길로 밀려나 이동해야 했다.

 결국 십자군은 날이 저물 무렵에야 티베리아스 근처에 도착했다. 그곳은 산봉우리 두 개가 뿔처럼 나란히 솟아 있는 '하틴'이라는 작은 마을로, 산등성이를 오르면 티베리아스와 갈릴리 호수가 훤히 내려다보였다.

 십자군이 하틴의 고지대에 진을 치자, 온종일 더위와 갈증에 시달린 병사들은 저녁 햇살에 반짝이는 호수를 보고 환호성을 질렀다.

 "물이다!"

 그러나 환호성은 이내 한숨으로 바뀌었다. 호숫가에 펼쳐진 푸른

하틴 전투 십자군은 하틴 전투에서 이슬람군에 대패하고 극소수만 살아남아 점선 방향으로 달아났다.

평원에 살라딘의 군대가 진을 치고 있었기 때문이다. 십자군 병사들은 결국 물 한 모금 마시지 못하고 하틴에서 야영을 해야 했다.

"걸렸구나!"

진지에서 십자군을 본 살라딘은 미소를 지었다.

사실, 살라딘이 티베리아스를 친 것은 세포리스에 있는 십자군을 유인하기 위한 작전이었다. 한여름에 뜨거운 사막을 건너 세포리스까지 가려면 병사들이 몹시 지칠 것이 분명했고, 세포리스에 도착하더라도 물을 확보하지 못하면 이슬람 군대가 절대적으로 불리할 수밖에 없었기 때문이다.

살라딘은 당장 군사 회의를 소집해 십자군 병사들이 지쳐서 잠든 사이에 하틴 주위를 빈틈없이 포위하게 했다. 다음 날, 잠에서 깬 십자군 병사들은 상황을 알아차리고 깜짝 놀랐다. 이슬람 군대에 완전히 포위된 십자군 병사들에게는 선택의 여지가 없었다. 나아가 싸워 적을 무찌르든가 적의 진열을 돌파해야 살아남을 수 있었다. 십자군 병사들은 언덕을 넘어 죽기 살기로 살라딘의 진지를 향해 진격했다.

살라딘의 병사들은 물을 확보하고 충분히 쉬면서 결전의 순간만을 기다려 왔으며, 승리에 대한 확신으로 가득 차 있었다. 수많은 십자군 병사들이 이슬람 병사들의 창과 칼 앞에서 쓰러져 갔다.

"병사들은 모두 물러나, 왕과 성십자가를 지켜라!"

십자군의 지휘관들이 명령했으나 대부분의 병사들은 오로지 물만 생각하며 자포자기하듯 무모하게 돌진을 계속했다.

다급해진 기 왕은 레몽 3세에게 기병대를 주며 탈출구를 마련하라고 명령했다. 레몽 3세가 진격해 오자 살라딘의 군대는 기다렸다는 듯이 길을 터 주었다. 하지만 길은 이내 다시 막혔고, 본진에서 떨어져 나온 레몽 3세와 기병대는 그대로 달아나 버렸다.

이제 살라딘의 군대는 십자군을 에워싼 채 총공세를 퍼부었다. 남아 있던 십자군 병사들은 목숨을 걸고 싸웠다. 하지만 시간이 갈수록 쓰러지는 병사들이 늘어났고, 급기야 성십자가까지 빼앗기고 말았다.

성십자가는 예수 그리스도가 못 박혀 죽은 십자가로, 십자군을 지켜 주는 상징과도 같았다. 성십자가를 잃자, 십자군 병사들은 눈에

띄게 사기가 떨어졌다. 결국 십자군 병사들은 목숨을 잃거나 포로로 잡혔다. 이슬람 군대의 완전한 승리였다.

이렇게 해서 십자군이 완전히 무너지자, 살라딘은 예루살렘 왕국 안으로 더욱 깊숙이 진격해 들어갔다. 그리고 예루살렘 왕국의 나머지 영토를 차례차례 정복한 다음 10월에는 예루살렘까지 손에 넣었다. 이로써 88년 동안 계속된 십자군의 예루살렘 점령은 끝이 났고, 살라딘은 팔레스타인에서 십자군을 영원히 몰아낼 발판을 마련하게 되었다. 권력을 지키기 바빴던 기 왕의 잘못된 결정으로 십자군 왕국이 멸망의 위기를 맞고 만 것이다.

십자군 전쟁의 숨겨진 진실

1095년 교황 우르바누스 2세는 유럽의 모든 기독교도에게 이슬람 세력으로부터 동로마(비잔틴) 제국을 지켜 내고 성지 예루살렘을 되찾자고 호소했다. 이에 기사부터 가난한 농민에 이르기까지 수많은 사람들이 십자군의 깃발 아래 모여들었고, 여덟 차례에 걸친 십자군 전쟁이 시작되었다.

십자군 전쟁에 참여한 이들은 저마다 다른 목적을 갖고 있었다. 교황은 비잔틴 제국이 약해진 틈을 타서 자신의 영향력을 확대하고자 했고, 원정군은 이교도를 약탈해 일확천금을 얻을 기회를 노렸으며, 상인들은 동방으로 가는 교역로를 확보하기 위해 십자군을 도왔다.

아니나 다를까, 1096년 제1차 십자군 원정에 앞서 출발한 1만여 명의 '평민 십자군'은 원정길에 만난 이교도들의 재산을 마구잡이로 약탈해 원성을 샀다. 제1차 원정 당시에 예루살렘 점령에 성공한 십자군들도 예루살렘에 살던 유대교도와 이슬람교도들을 닥치는 대로 죽이고 재산을 빼앗았다.

그 뒤 십자군은 예루살렘 주위를 차례차례 점령해 영토를 넓히고 여러 개의 작은 나라를 세웠다. 이에 이슬람 세력이 반격에 나서, 살라딘 시대에는 십자군 국가들을 완전히 포위하고 예루살렘을 되찾았다. 그러나 살라딘은 기독교도들을 학살하지 않았다. 기독교도들이 순례를 오고 예배를 올리는 것도 허용해 주었다.

살라딘이 죽은 뒤 십자군은 성지를 되찾기 위해 1270년까지 다섯 번이나 더 원정에 나섰지만 모두 실패했다. 성지를 되찾는 일보다 재물을 얻는 일에 눈이 어두워 제4차 원정 때는 예루살렘 대신에 비잔틴 제국의 수도 콘스탄티노플을 점령해 약탈했고, 1212년에는 소년 십자군이 결성되어 원정길에 오른 수천 명의 어린이들이 실종되거나 노예로 팔려 가는 비극이 일어났다.

십자군 전쟁은 1291년 이집트 맘루크 왕조의 술탄 바이바르스가 팔레스타인에 남아 있던 기독교 세력의 마지막 기지인 아크레를 점령함으로써 이슬람 세력의 승리로 끝이 났다.

칭기즈 칸,
호라즘 대제국을 무너뜨리고
실크로드를 다시 열다

'우리의 호의를 약탈로 갚다니, 호라즘 제국에 쓴맛을 보여 주리라!'

먼 산을 바라보는 칭기즈 칸의 얼굴은 분노로 가득 차 있었다.

1220년 중국 북부를 장악한 몽골의 황제 칭기즈 칸은 통행이 중단된 실크로드*를 다시금 개통시키려 했다. 서양과 무역을 해서 몽골을 부강하게 만들고 싶었기 때문이다. 이를 위해 칭기즈 칸은 중앙아시아와 서아시아에 걸쳐 대제국을 건설한 호라즘에 선물을 보

---

* 실크로드 중국에서 유럽까지 총 길이 6,400킬로미터에 이르는 무역로. 대표적인 상품이 비단이었기 때문에 '실크로드(비단길)'라고 부르게 되었다. 기원전 2세기 전한 때 장건에 의해 처음 개통된 뒤로 주변 국가들의 상황에 따라 교류가 활발해지기도 하고 쇠퇴하기도 하면서 오랜 세월 동양과 서양 문명의 교역로 역할을 했다.

냈다. 호라즘 제국을 통과하는 몽골의 상인들을 잘 보살펴 달라는 뜻이었다.

그런데 호라즘 제국은 국경 너머 첫 도시 오트라르에서 몽골의 사신과 상인들을 죽이고 선물만 빼앗아 갔다.

이 소식을 들은 칭기즈 칸은 분노로 몸을 떨었다. 자신의 호의를 무시하고, 100명이나 되는 몽골인을 무참하게 죽여 버린 이 사태를 그냥 넘길 수는 없었다. 이대로 두면 실크로드를 다시 잇겠다는 꿈은 차치하더라도, 기세등등해진 호라즘 제국에 몽골의 영토까지 빼앗길 것이 뻔했다.

문제는 군사력이었다. 칭기즈 칸의 병사는 15만 명 남짓인데 반해, 호라즘의 병사는 30만 명에 달했다. 게다가 호라즘의 병사는 대부분 오랜 유목 생활로 말을 능숙하게 다루는 튀르크족이었다. 이들은 몽골군만큼 조직적이지는 못해도 대부분이 기마병으로, 몽골 기마병처럼 말을 타고 복합궁*을 쏘며 빠르게 공격했다. 따라서 몽골군이 쳐들어가 적진에서 정면으로 맞붙어 싸운다면, 병사 수가 적어 절대적으로 불리했다.

칭기즈 칸은 호라즘 제국의 지도를 들여다보며 생각에 잠겼다.

'그렇다면 놈들의 뒤통수를 쳐야 할 텐데….'

그 순간 지도 위의 한 지역이 칭기즈 칸의 눈에 들어왔다.

---

* **복합궁** 뼈, 나무, 힘줄 등 여러 가지 재료를 섞어 만든 활. 나무로만 만든 서양 활보다 위력이 두 배나 강했고, 가볍고 짧아 말 위에서도 사용하기 편리했다. 특히 몽골의 복합궁은 휘어진 활대의 양 끝을 반대 방향으로 당겨 줄을 맸기 때문에 탄력이 강해 갑옷이나 투구도 뚫을 수 있었다.

키질쿰. '붉은 모래'라는 뜻으로, 호라즘 제국의 수도 사마르칸트 북서쪽에 있는 30만 제곱킬로미터에 이르는 광활한 사막 지역을 가리키는 이름이었다.

칭기즈 칸은 무릎을 쳤다. 이곳이야말로 적의 허를 찌를 수 있는 곳이 아닐까 싶었다. 누구든 이 황량한 사막을 가로지르다가는 전투를 치르기도 전에 물이 모자라서 죽을 수도 있었다. 음식은 말리거나 가공하면 오래 보관할 수 있지만, 물은 고여 있으면 썩기 때문에 많이 가지고 다닐 수도 없다. 그러니 누가 감히 이 사막을 횡단할 엄두를 낼 것인가?

그러나 몽골군이라면 다를 것 같았다. 몽골군은 유목 민족으로 어려서부터 이동하면서 천막에서 자는 것이 습관이 되었고, 타고 다니는 말의 젖을 먹으며 사냥으로 배를 채웠기 때문에 식료품을 많이 가지고 다니지 않아도 되었다. 생고기도 잘 먹었기 때문에 불을 피워 적의 눈에 띌 위험도 적었다. 몽골군이 타고 다니는 말 역시 먹이를 스스로 찾아 먹도록 길러졌기 때문에 사막 땅에서도 식물의 뿌리를 찾아 먹을 정도로 강했다. 그러니 몽골군이라면 아무리 척박한 키질쿰 사막이라 해도 너끈히 가로지를 수 있을 것 같았다.

키질쿰 사막을 건널 수만 있다면, 사마르칸트를 서쪽에서부터 공략해 들어갈 수 있으리라!

마침내 칭기즈 칸은 5만 명의 기마병을 이끌고 키질쿰 사막을 건너기로 했다. 그리고 적의 눈을 돌리기 위해 먼저 몽골과 국경선을 이루며 남북으로 길게 뻗어 있는 시르다리야강에 아들들과 참모가 이끄는 부대를 보냈다. 이들의 임무는 시르다리야강을 따라 들어선 호라즘 제국의 도시들을 파괴하는 것이었다. 사마르칸트 동쪽에 있는 이 도시들이 모두 파괴되면 사마르칸트가 공격당할 때 동쪽에서 지원해 줄 수 있는 도시가 없어진다. 따라서 호라즘 제국의 신경은 온통 동쪽 도시들에 쏠릴 수밖에 없었다. 그사이에 칭기즈 칸 부대는 키질쿰 사막을 건너가 사마르칸트 서쪽의 부하라를 공략한 뒤 아들들과 참모가 이끄는 부대와 힘을 합쳐 사마르칸트를 쳐부술 계획이었다.

칭기즈 칸의 아들들과 참모가 이끄는 부대들은 작전대로 시르다리야강 주변 도시들을 공격하며 호라즘 제국의 숨통을 조였다. 이들은 호라즘 제국의 주의를 끌기 위해 일부러 더 잔인하게 굴었다. 도시나 성곽을 점령하면, 성에 있는 것들을 모두 빼앗은 뒤 주민들을 성곽 밖으로 내몰았다. 그런 다음 노인이나 어린아이들은 죽여 버리고, 어느 정도 자란 아이들과 성인 남녀들은 노예로 삼았다. 그리고 이 노예들로 하여금 다음 도시를 공격하게 하거나 적의 공격을 막기 위해 성 둘레에 파 놓은 해자를 메우게 했다. 말하자면 같은 민족끼리 싸우게 함으로써 가장 위험하고 어려운 일을 간단히 해치웠던 것이다.

결국 호라즘 제국의 황제 무함마드는 이 비열한 함정에 걸려들고 말았다.

"천하의 죽일 놈들! 죄 없는 주민들을 죽이는 것도 모자라, 전쟁의 도구로 쓰다니!"

무함마드는 몽골군의 잔인한 모습에 치를 떨며 시르다리야강 전선에 병력을 쏟아부었다. 키질쿰 사막을 믿고 서쪽의 부하라는 걱정도 하지 않았다. 칭기즈 칸 부대가 키질쿰 사막을 건너오리라고는 꿈에도 생각하지 않았던 것이다.

그사이에 칭기즈 칸 부대는 하루에 네 필에서 많게는 일고여덟 필씩 말을 갈아타며 키질쿰 사막을 맹렬히 가로지르고 있었다.

사마르칸트 서쪽의 부하라에 도착할 무렵, 칭기즈 칸은 아들들과 참모가 이끄는 부대에 연락병을 보냈다.

"칸(왕이라는 뜻의 몽골어)의 부대가 곧 부하라에 도착할 예정이니, 총공격을 준비하라고 하십니다!"

시르다리야강 일대에서 긴밀하게 연락을 주고받으며 협동 작전을 펼치던 몽골 부대들은 칭기즈 칸의 명령이 떨어지자 일사불란하게 사마르칸트로 진격하기 시작했다. 먼저 칭기즈 칸의 참모 부대가 사마르칸트에서 동쪽으로 약 240킬로미터 떨어진 코젠드를 점령하고 사마르칸트로 진격했다. 시르다리야강 북쪽을 휩쓸던 칭기즈 칸의 아들들도 부대를 거느리고 사마르칸트로 향했다. 무함마드는 즉각 10만 명의 병사를 보내 몽골군의 집결을 막고 코젠드를 탈환하려고 했다. 사마르칸트의 동쪽 관문인 코젠드가 적의 수중에 있으면, 동쪽으로부터 어떤 지원도 받지 못하게 되는 것은 물론이고 사마르칸트 코앞에서 적이 합류하여 힘이 점점 불어날 것이기 때문이었다.

무함마드는 코젠드로 파견한 지원군의 승전보를 초조하게 기다렸다. 그러나 승전보는 날아들지 않았다.

칭기즈 칸(1167년경~1227)
본명은 테무친이다. 1206년 흩어져 있던 몽골 부족을 통일해 '칭기즈 칸(세상의 왕)'이 되었다. 상대가 누구든 도움이 되는 의견은 받아들였고, 부하들과 똑같이 먹고 입으며 검소하게 지냈기 때문에 부하들의 절대적인 지지와 신뢰를 받았다. 또 후계자 양성에도 힘을 쏟아 아들들을 훌륭한 지도자로 키워 냈다. 덕분에 칭기즈 칸이 죽은 후에도 몽골 제국은 계속 번창할 수 있었다.

그때, 부하라에서 쉴 새 없이 말을 타고 달려온 연락병이 다급하게 고했다.

"폐하, 큰일 났습니다! 몽골군이 부하라 북서쪽에서 쳐들어오고 있습니다!"

무함마드는 어안이 벙벙했다. 얼마 전까지만 해도 사마르칸트 동쪽의 코젠드에 있던 몽골군이 어떻게 사마르칸트 서쪽 부하라에 나타날 수 있단 말인가? 무함마드는 그 부대가 저 척박한 키질쿰 사막을 건너온 칭기즈 칸의 부대라고는 꿈에도 생각하지 못했다.

칭기즈 칸이 이끄는 5만 명의 몽골 기마병들이 키질쿰 사막을 횡단해 사마르칸트 서쪽의 부하라성에 나타나자, 그곳에 있던 2만여 튀르크 기마병들은 당황해서 어쩔 줄을 몰랐다. 그때까지 주로 사마르칸트 동쪽의 시르다리야강 주변에서 전투가 이루어졌기 때문에 부하라성의 튀르크군은 전투 준비를 거의 하지 않았던 것이다.

칭기즈 칸은 부하라성을 포위하면서 남쪽 성문 하나를 일부러 열어 두었다. 마침내 성안에 있던 적군이 남쪽 성문으로 도망을 나오자, 칭기즈 칸은 이들을 넓은 초원으로 몰고 가서 망구다이(몽골군 중 적진으로 돌격한 뒤 도망치는 척하며 적을 유인하는 역할을 맡았던 부대)로 하여금 해치우게 했다.

그러자 남아 있던 튀르크 병사들은 주민들을 버려 둔 채 달아나거나 항복했고, 주민들도 칭기즈 칸에게 무릎을 꿇었다.

이로써 무함마드의 희망은 사라졌다. 사마르칸트 동쪽은 이미 몽골군에게 점령되었고, 서쪽 부하라마저 몽골군에게 넘어갔으니 이제 어떤 지원도 바랄 수 없게 된 것이다.

거기에 칭기즈 칸의 아들들과 참모가 코젠드에서 무함마드가 보낸 10만 명의 지원 병력을 완전히 격파하고, 사마르칸트로 진격해 오고 있었다.

사면초가. 무함마드는 완전히 고립된 상황에서 더 이상 싸워 봤자 승산이 없다고 판단하고, 몽골군이 사마르칸트를 완전히 포위하기

전에 황급히 남쪽으로 달아나 버렸다.

용맹한 튀르크 기마병을 앞세워 지금의 이란, 우즈베키스탄, 파키스탄, 아프가니스탄, 투르크메니스탄으로 이어지는 광대한 영토에 대제국을 세운 호라즘이 불과 몇 달 만에 몽골군에 패한 것이다. 그리고 적의 허를 찔러 승리한 이 전쟁을 통해, 칭기즈 칸은 실크로드를 다시 열고 대제국을 건설할 발판을 마련했다.

칭기즈 칸과 몽골의 정복 전쟁

몽골은 땅이 척박해 농작물이 잘 자라지 못했다. 그 탓에 식량이 부족해지기 쉬운 겨울이 되면 부족들 사이에 곧잘 전쟁이 일어났다. 몽골 부족을 통일한 칭기즈 칸은 이 문제를 해결하기 위해 바깥 세계로 눈을 돌렸다. 척박한 땅에서 가난하게 살고 있는 몽골족에게 기름진 땅과 재물을 주기 위해 주변 국가들을 정복하기 시작한 것이다. 특히 칭기즈 칸은 실크로드를 다시 열어 무역을 통해 몽골을 부유하게 만들고자 했다.

칭기즈 칸의 이러한 포부 아래 몽골군은 25년이라는 짧은 기간 동안 로마군이 400년에 걸쳐 정복한 것보다 넓은 땅을 영토로 삼게 되었다. 칭기즈 칸 생전에 몽골 제국의 영토는 이미 중국에서 카스피해에 이르는 광대한 지역을 아울렀고, 칭기즈 칸 사후에는 아프리카 대륙과 맞먹을 만큼 넓어졌다. 실크로드 일대를 평정한 몽골 제국이

동서양 사이의 무역로를 다시 연 덕분에 멈춰 있던 상품과 문명의 교류도 재개되었다.

더욱 놀라운 것은 몽골 제국이 이 엄청난 정복 사업을 불과 10만여 명의 기병들만으로 이루어 냈다는 사실이다. 이것은 유목민 특유의 강인한 체력과 생활 습관, 우수한 군마, 상인이나 첩자를 이용한 작전 지역에 대한 정확한 파악, 그리고 이 모든 것을 활용한 뛰어난 전략 전술이 있었기에 가능한 일이었다.

특히 칭기즈 칸은 적에게 항복을 요구한 다음 적이 거부할 경우 주민들을 무자비하게 학살하는 전술을 주로 사용했다. 공포심을 불러일으켜 저항 의식을 꺾기 위한 일종의 심리전이었지만, 무고한 주민을 학살했다는 점에서 극악무도하다는 평가를 받기도 한다.

오를레앙의 잔 다르크,
신의 이름으로 포위망을 뚫다

  1429년 봄, 왕위 계승을 둘러싸고 프랑스와 백 년 전쟁을 벌이던 영국이 오를레앙*으로 쳐들어온 지도 어느덧 6개월째. 5,000여 명의 영국군에 포위당한 오를레앙 사람들은 점점 희망을 잃어 가고 있었다.
  지난 가을, 영국의 솔즈베리 장군은 프랑스 북부 지역을 모두 점령하고 베리로 가는 길목인 오를레앙까지 쳐들어왔다. 오를레앙 사람들은 목숨을 걸고 맞서 싸웠다. 만약 오를레앙을 적에게 내준다면, 영국군은 프랑스의 왕세자 샤를 7세가 있는 베리로 진격하여 프랑스를 지배하려 들 것이다. 프랑스의 운명이 오를레앙에 달려 있었다.

* 오를레앙 당시 파리와 함께 프랑스에서 가장 번화한 도시로, 샤를 7세를 지지하는 오를레앙 가문이 다스리고 있었다. 오늘날에도 해마다 오를레앙 전투의 승리를 기념하는 잔 다르크 축제가 열리는데, 중세풍으로 꾸민 거리에서 수천 명의 병사가 잔 다르크로 분장한 소녀를 둘러싼 채 행군한다.

그러나 대포와 장궁으로 무장한 영국군은 5,000여 명에 달한 반면, 뒤누아 백작이 이끄는 프랑스 수비군은 고작 1,000여 명에 불과했다. 싸움의 결과는 불을 보듯 뻔해 보였다.

하지만 오를레앙에는 프랑스를 사랑하는 주민들이 있었다. 조국이 위기에 처하자 오를레앙 주민들은 영국군에 맞서 싸우기 위해 농기구 대신 창을 들고 전쟁터로 나왔다. 3만 명의 주민 가운데 무려 4,000여 명이 자발적으로 싸움에 나섰다.

오를레앙을 지켜 내겠다는 마음으로 똘똘 뭉친 주민들이 거센 항전을 시작하자, 영국군은 몹시 당황했다. 게다가 오를레앙의 동쪽과 북쪽과 서쪽은 돌로 만든 튼튼한 성벽과 해자로 둘러싸여 있고, 남쪽은 루아르강이 있어서 쉽게 접근할 수 없었다. 또 성안에는 대포 71문과 충분한 식량까지 갖추어져 있었다. 엎친 데 덮친 격으로 영국군 총사령관 솔즈베리 장군이 오를레앙에 온 지 열흘도 안 되어 순찰을 하다가 목숨을 잃었다.

결국 영국군은 서퍽과 탤벗을 중심으로 새 지휘부를 구성하고 장기적인 포위전에 돌입했다. 루아르강 주변에 있는 수도원과 교회 등을 개조하여 진지를 구축하고, 오를레앙으로 통하는 식량 보급로를 차단해 주민들을 고립시킴으로써 제풀에 지치게 할 계획이었다.

오를레앙 주민들은 당장이라도 포위망을 뚫고 나가 영국군을 무찌르고 싶었다. 그러나 오를레앙의 영주 뒤누아 백작은 주민들의 열망을 외면한 채 영국군의 포위에서 벗어나려 하지 않았다. 전투를 기사들의 멋진 기량 자랑쯤으로 여기던 그에게 오를레앙 주민들의 애국

심은 거추장스럽기만 했다. 심지어 그는 자신들을 포위하고 있던 영국군 지휘관 탤벗에게 기사도 정신에 입각해 선물을 주기까지 했다.

가족과 나라를 지키기 위해 위험을 무릅쓰고 전쟁에 나선 오를레앙 주민들의 절망과 분노는 이루 말할 수가 없었다. 벌써 6개월이나 포위된 상황에서 어떤 저항도 하지 않는 지도자와 군대로는 도저히 영국군을 이길 수 없을 것 같았다. 프랑스 안에서도 귀족들끼리 분열되어 영국을 지지하는 세력이 득세했고, 왕세자 샤를 7세마저 오를레앙 함락은 불가피하다며 영국군이 자기만이라도 살려 주면 좋겠다고 말했다.

"졌어. 우린 더 이상 희망이 없어."

오를레앙 주민들과 수비군의 사기가 곤두박질치고, 오를레앙의 운명은 한 치 앞도 내다볼 수 없게 되었다.

바로 그때, 절망하는 주민들 앞에 홀연히 나타난 전사가 있었다. 잔 다르크. 농부의 딸이자 열일곱 살 양치기 소녀인 잔 다르크가, 그리스도와 천사가 그려진 깃발을 들고 사제들을 앞세운 채 3,000여 명의 병사들을 이끌고 성안으로 들어온 것이다. '프랑스를 구하라'는 하느님의 계시에 따라, 샤를 7세의 분부를 받들어 영국군의 포위를 무너뜨리기 위하여.

"우리를 구원해 줄 하느님의 천사가 왔다!"

1429년 4월 29일 밤, 잔 다르크 군대가 도착하자 성안 곳곳에서 함성이 터져 나왔다. 오랜 전쟁에 지쳐 가던 주민들과 병사들은 다시 힘과 용기를 얻었다. 신에 대한 믿음이 강했던 그들은 성스러운 군대를 이끌고 온 잔 다르크를 예언자이자 자신들을 구하러 온 구원자라고 굳게 믿었다.

그러나 뒤누아를 비롯한 오를레앙의 지휘관들은 잔 다르크를 곱게 보지 않았다. 잔 다르크가 미천한 농민의 딸인 데다 이제 겨우 열일곱 살밖에 안 되었기 때문이었다. 다만 왕세자가 직접 보낸 사람이었기 때문에 대놓고 무시하지는 못하고 뒤에서 자기네끼리 몰래 작전 회의를 하곤 했다.

결국 5월 4일 오를레앙의 지휘관들은 잔 다르크에게 알리지도 않은 채 병사들을 이끌고 루아르강 동쪽 기슭에 있는 생루 요새를 공격했다. 잔 다르크의 등장으로 병사들의 사기가 오르기는 했어도, 프랑스 북부를 평정하며 내려온 영국군은 훈련조차 제대로 못 받은 주민들이 대부분인 프랑스군이 쉽게 무너뜨릴 수 있는 상대가 아니었다. 프랑스군은 두꺼운 갑옷도 뚫어 버리는 영국군의 장궁과 대포 공격에 점차 밀리기 시작했다. 말을 타고 달리던 철갑 기병들조차 길이가 어른 키에 맞먹는 거대한 장궁의 위력 앞에서는 맥을 못 추었다.

그 순간 놀랍게도 잔 다르크가 샤를 7세의 병사들을 이끌고 나타났다. 지휘관들은 깜짝 놀랐다. 잔 다르크에게 알리지도 않았는데, 도대체 어떻게 알고 나타난 것일까? 잔 다르크는 하느님께서 이곳을 공격하라 하셨다고 말했다. 그러고는 영국군에게 밀리고 있던 병사들에게 용기를 북돋아 주며 앞장서 싸웠다. 덕분에 프랑스군은 불리한 전세를 뒤집고 승리했다. 6개월 전 영국군에게 포위된 이래 처음으로 거둔 승리였다.

"우리의 천사 잔 다르크와 함께라면 더 이상 두렵지 않다!"

젊은 병사들의 가슴속에는 이 거룩한 소녀와 함께한다면 전쟁에서 반드시 승리한다는 믿음이 깃들었다.

영국군은 프랑스군의 기세등등한 공격에 충격을 받고 지원군을 요청했다.

잔 다르크는 지원군이 오기 전에 빨리 영국군을 쳐부수어야 한다고 판단하고, 이틀 뒤 영국군의 요새를 하나씩 공격하기 시작했다. 프랑스군은 영국군의 요새에 수백 발의 포탄을 퍼부어 벽에 구멍을 낸 뒤, 사다리를 타고 올라가 구멍을 통해 안으로 침투했다. 그러고는 검과 창으로 용맹하게 영국군을 무찔렀다. 이로써 영국은 불과 하루 만에 투렐 요새를 제외한 생에낭 요새, 생장블랑 요새, 오귀스탱 요새 등 거의 모든 요새를 프랑스군에 내주게 되었다.

그러자 프랑스 지휘관들은 작전 회의를 열어, 하느님이 주신 지금까지의 성과에 만족하자고 했다. 계속해서 정면 공격을 하면 사상자가 늘어날 테니, 여기서 공격을 멈추고 영국군을 포위하여 고립시키자는 것이었다.

그러나 잔 다르크의 생각은 달랐다. 병사들의 사기가 충천해 있는 지금, 여세를 몰아 영국군을 섬멸해야 한다고 판단했다.

잔 다르크는 단호하게 말했다.

"여러분이 반대해도 지금까지 그래 왔듯 우리 병사들은 물밀듯이 달려가 승리할 것입니다!"

바로 다음 날 새벽, 잔 다르크는 투렐 요새를 정면 공격하기 위해

3,000명의 군사를 이끌고 오를레앙 성문을 빠져나갔다. 그러자 잔 다르크의 진군을 구경하러 나온 군중 속에서 뒤누아의 병사들이 뛰쳐나와 잔 다르크 부대에 합류했다. 주민들도 창을 들고 잔 다르크를 뒤따랐다. 뒤누아를 비롯해 잔 다르크에 반대했던 다른 지휘관들도 어쩔 수 없이 잔 다르크를 따라나섰다.

투렐 요새를 지키고 있던 500여 명의 영국군은 사기가 충천한 프랑스군의 상대가 되지 못했다. 프랑스군은 아침나절 내내 돌과 쇳덩이로 만든 포탄을 퍼부어 요새의 벽에 구멍을 냈다. 그러고는 자욱한 연기와 불길을 뚫고 지휘관, 기병, 보병 할 것 없이 사다리와 칼을 들고 달려갔다. 앞다투어 사다리를 타고 올라간 프랑스군은 벽의 구멍으로 민첩하게 침투해 요새를 지키고 있던 영국군을 닥치는 대로 해치웠다. 잔 다르크도 앞장서 사다리를 타고 올라가며 병사들의 전의를 북돋았다.

그러던 어느 순간 성벽 위에서 날아온 장궁의 대형 화살이 잔 다르크의 갑옷을 찢고 목과 어깨 사이에 박혔다. '하느님의 천사'라 불리던 잔 다르크가 적의 화살에 맞아 중상을 입은 것이다. 잔 다르크가 비명을 지르며 바닥에 떨어지자, 영국군들이 함성을 질렀다. 프랑스군은 재빨리 잔 다르크를 안전한 곳으로 옮겼지만, 사기가 크게 떨어지고 말았다.

반대로 사기가 오른 영국군은 미친 듯이 화살을 쏘아 대며 공격을 퍼부었다. 창과 칼, 전투용 도끼 등을 지니고 벽을 기어올라 영국군과 백병전을 벌이던 프랑스 병사들은 잔 다르크의 부상 소식을 듣고

백 년 전쟁 경과 지도
백 년 전쟁은 프랑스의 영토와 왕위 계승 문제 등을 놓고 영국과 프랑스가 벌인 전쟁이다. 1337년부터 1453년까지 백 년이 넘는 기간 동안 싸웠기 때문에 '백 년 전쟁'이라고 부른다. 크게 세 시기로 나뉘는데, 오를레앙 포위전은 마지막 시기에 벌어졌다.

겁에 질렸다.

"퇴각 나팔을 불어라!"

결국 뒤누아는 퇴각 명령을 내렸다. 병사들의 함성 위로 퇴각을 알리는 나팔 소리가 울려 퍼졌다.

그 순간 기적이 일어났다. 피투성이가 되어 쓰러졌던 잔 다르크가 나팔 소리를 듣고 자리에서 벌떡 일어나 소리친 것이다.

"병사들이여, 나아가라! 투렐 요새는 우리의 것이다!"

바로 그때 프랑스 병사 한 명이 재빨리 깃발을 집어 들고 말 위에 올라타고는 용맹하게 투렐 요새 쪽으로 달려갔다. 절망에 빠져 있던 프랑스 병사들 곁으로 '예수', '마리아'라는 글자와 천사에 둘러싸인 그리스도 그림이 새겨진 깃발이 펄럭이며 지나갔다. 그러자 이미 퇴각 나팔 소리가 울렸음에도 모든 병사들이 깃발을 따라 돌진하며 총공세를 퍼부었다.

영국군은 거의 죽은 줄 알았던 잔 다르크가 부활하자 경악했다. 죽여도 죽지 않는 '지옥에서 온 마녀'. 영국군의 눈에는 잔 다르크가 그렇게 비쳤다. 이 거룩한 불멸의 전사를 지닌 프랑스군은 성난 파도처럼 밀려가 넋이 나간 영국군을 향해 거침없이 칼과 창을 휘둘렀다.

그날 저녁 영국군의 마지막 보루였던 투렐 요새는 프랑스군에게 함락되고 말았다. 살아남은 영국 병사들은 눈물을 삼키며 달아났고, 이로써 오를레앙은 장장 6개월 동안의 포위에서 풀려나게 되었다. 이 전투의 승리로 프랑스는 오랜 세월 동안 끌어온 영국과의 백년 전쟁에서 중요한 전환점을 마련할 수 있었다.

위기에서 프랑스를 구한 소녀, 잔 다르크

백 년 전쟁에서 프랑스가 영국에 밀리고 있을 때, 위기에 처한 프랑스를 구하기 위해 나타난 소녀가 있었다. 바로 '성녀'로 추앙받는

힘과 용기를 준 잔 다르크
잔 다르크는 그리스도와 천사가 그려진 깃발을 들고 〈창조주여 오소서〉라는 찬송가를 부르며 오를레앙으로 들어갔다. 오를레앙의 병사들은 "잔다르크가 오기 전에는 200명의 영국군이 400명의 프랑스군을 이겼는데, 잔 다르크가 오고 나서는 200명의 프랑스군이 1,000명의 영국군을 이겼다"고 할 정도로 사기가 올랐다.

잔 다르크다.

가난한 농부의 딸로 태어난 잔 다르크는 독실한 기독교 신자였는데, 어느 날 양을 치다가 꿈에서 하느님의 계시를 받고 샤를 7세를 찾아갔다. 잔 다르크가 귀족들 틈에서 난생처음 보는 샤를 7세를 찾아내자, 샤를 7세는 잔 다르크를 신성한 존재로 여기고 병사를 주어 오를레앙으로 보냈다.

잔 다르크는 샤를 7세의 명을 받들어 영국군에게 포위되어 있던 오를레앙을 구해 내고 샤를 7세가 프랑스의 왕이 될 수 있도록 도와주었다. 그러자 조국을 위기에서 구한 잔 다르크의 활약에 고무를 받은 프랑스 국민들은 오랜 억압 의식에서 깨어나 영국에게 점령당했던 수많은 도시들을 되찾아 왔다. 잔 다르크는 단숨에 프랑스의 영웅으로 떠올랐다.

하지만 프랑스 종교 지도자들은 잔 다르크의 힘이 자신들보다 더 커질까 봐 두려워했다. 이제껏 자신들이 하느님과 직접 교류할 수 있는 능력을 지녔다고 주장해 왔는데, 국민들이 잔 다르크를 더 믿고 따른다면 자신들의 권위와 능력을 의심하고 교회의 위계질서가 위협 받을지도 모른다고 생각한 것이다. 이에 국민적 영웅이었던 잔 다르크를 '마녀'라고 모함하여, 1431년 5월 30일 불에 태워 죽여 버렸다. 잔 다르크의 나이 열아홉 살 때였다.

비록 마녀로 몰려 짧은 생을 마감했지만, 프랑스 국민들은 조국에 대한 사랑과 긍지를 심어 준 잔 다르크를 사랑하고 존경했다. 이후로도 잔 다르크는 프랑스가 위기에 처할 때마다 프랑스 국민들을 단결시키는 구심점이 되어 주었다.

바다에 다리를 놓아 난공불락의 성을 공략한
콘스탄티노플 전투

　1453년 4월 2일, 철옹성인 동로마 제국의 콘스탄티노플 삼중 성벽 밖에 오스만 제국의 튀르크군이 모습을 드러냈다. 그로부터 사흘 동안 10만여 명의 튀르크군이, 황소 예순 마리가 끄는 거대한 신형 대포를 앞세우고 성벽 앞으로 몰려왔다. 콘스탄티노플로 통하는 바닷길 역시 100척이 넘는 튀르크 함대에 의해 모두 봉쇄된 상태였다.
　반면 크리소케라스만에 남아 있던 콘스탄티노플 함선은 겨우 20척 정도였다. 육군의 병력 차이는 더욱 컸다. 도시 안에서 무기를 들 수 있는 사람이 고작 7,000명 남짓했다.
　10만 명 대 7,000명. 이제 콘스탄티노플은 완전히 고립된 것이다.
　콘스탄티노플(지금의 터키 이스탄불)은 흑해와 지중해의 통로로, 유럽과 아시아 사이에 있는 보스포루스 해협의 남쪽에 위치해 있어 유럽의 관문이자 상업의 중심지 역할을 했다. 아시아의 값진 물건들이 모두 이곳으로 들어와 지중해를 거쳐 유럽으로 전해졌다. 게다가 이슬람 국가와 맞닿아 있는 유일한 기독교 국가의 수도로서 다른 기독교 국가들을 지켜 주는 수문장 역할도 하고 있었다. 따라서 오스만 제국이 이곳을 정복하면 유럽을 공격할 수 있는 교두보를 확보하는 셈이었다. 유럽과 아시아를 아우르는 대제국을 건설하겠다는 오스만 제국의 술탄* 메메트 2세의 야심이 머지않아 실현될 것 같았다.

4월 6일 아침, 전투 준비를 마친 술탄은 이슬람법에 따라 콘스탄티노플에 최후통첩을 보냈다. 항복하면 목숨은 살려 주겠다는 것이었다. 콘스탄티노플 주민 가운데 이 말을 믿는 사람은 아무도 없었다. 그리고 그날 저녁, 이 형식적인 절차가 끝나자마자 튀르크군의 대포가 기다렸다는 듯이 불을 뿜었다. 콘스탄티노플 함락을 위한 공격이 시작된 것이다.

콘스탄티노플은 두 변이 바다와 맞닿아 있는 삼각형 모양의 도시였다. 삼각형의 오른쪽 윗변에 해당하는 북동쪽으로는 보스포루스 해협으로 흐르드는 크리소케라스만이 있고, 아랫변인 남쪽에는 마르마라해가 있었다. 도시 주변은 튼튼한 성벽으로 둘러싸여 있었는데, 바다와 접해 있지 않은 북서쪽은 특히 삼중 성벽으로 되어 있었다.

---

* **술탄** '통치자'라는 뜻의 아랍어로 이슬람 국가의 황제를 뜻한다. 이슬람 국가의 최고 종교 지도자는 '칼리프'라고 하는데, 술탄은 원래 칼리프가 임명하던 정치 및 군사 지도자였으나 오스만 제국 때부터 술탄의 힘이 강해지면서 칼리프의 지위를 함께 갖게 되었다. 그 뒤 술탄은 이슬람 세계의 최고 권력자를 뜻하는 말이 되었다.

술탄 메메트 2세
오스만 제국의 술탄 메메트 2세(1432~1481)는 유럽과 아시아를 아우르는 대제국을 건설하겠다는 꿈을 품고 1451년부터 콘스탄티노플 정복을 준비해 1453년 5월 29일 마침내 뜻을 이루었다. 이후 도시의 이름을 이스탄불로 바꾸고 오스만 제국의 수도로 삼았다. 오스만 제국은 1300년경에 아나톨리아의 튀르크족이 세운 나라로, 1922년 터키 공화국이 세워지기 전까지 존속했으며 한때 지중해 세계의 절반 이상을 차지할 만큼 영토가 넓었다. 오토만 제국이라고도 한다.

삼중 성벽은 아주 견고했다. 성벽의 맨 바깥쪽에는 너비 18미터에 달하는 깊은 해자와 돌로 낮게 쌓은 흉벽이 있고, 흉벽 안쪽으로 폭이 12미터에 달하는 통로를 지나면 높이 7.5미터의 외벽이 서 있었는데, 외벽 곳곳에 적을 공격할 수 있는 높은 탑들이 세워져 있었다. 그리고 외벽 안에는 다시 폭이 12미터인 통로가 있고, 그 안에 12미터 높이의 내벽이 있었다.

그러나 이 철옹성에도 약점은 있었다. 삼중 성벽의 가운데쯤에 있는 메소테이키온 성벽 쪽이 다른 곳에 비해 약했던 것이다. 바닥을 평평하게 다진 상태에서 성벽을 쌓은 것이 아니라 흐르는 강을 가로질러 쌓아 놓았기 때문이다. 술탄은 바로 이 점을 놓치지 않았다.

술탄은 메소테이키온 성벽 맞은편에 막사를 치고 직접 공격을 지시했다. 성벽을 부수기 위해 새로 만든 사석포가 마침내 첫선을 보였다. 무려 8미터에 달하는 포신이 요란한 소리를 내며 불을 뿜자, 검은 연기가 하늘로 치솟으며 600킬로그램이 넘는 포탄이 성벽 쪽으로 날아갔다. 성벽은 순식간에 두부처럼 뭉그러져 버렸다. 위력은 대단했으나, 한 번 쏘고 나면 포신이 식을 때까지 기다려야 했으므로 이 신형 대포는 하루에 일곱 발밖에 쏠 수 없었다. 술탄은 포신이 식을 동안 병사들에게 성벽 바깥쪽에 있는 해자를 메우라고 시켰다. 성벽이 부서지면 병사들이 바로 돌진할 수 있도록 길을 만들기 위해서였다.

외벽이 어느 정도 부서지고 성벽 밖의 해자가 메워지자, 술탄의 공격 명령이 떨어졌다. 돌을 쏠 수 있는 노포와 벽을 부수는 기구인 파성퇴를 든 중장비 보병과 창병, 궁수병 그리고 튀르크군의 최정예 부대인 예니체리군이 일제히 성벽으로 돌진했다. 튀르크군은 성벽이 부서진 자리에 콘스탄티노플군이 설치해 놓은 방책을 불태우고 임시로 쌓아 둔 흙 부대를 끌어 내린 뒤 사다리를 갖다 댔다.

그러나 결과는 튀르크군의 참패였다. 성벽이 많이 부서진 부분으로만 공격할 수 있었기 때문에 튀르크군은 한정된 지점에 너무 많이

몰려들어 서로 짓밟으며 사다리를 타고 올라갔다. 반면 성벽 위에는 수는 적지만 성벽을 기어오르는 적들을 무찌르는 데 익숙한 콘스탄티노플군이 기다리고 있었다. 이 공격으로 튀르크군은 200여 명의 병사들이 목숨을 잃은 반면, 콘스탄티노플군은 단 한 명의 희생도 없었다. 술탄은 새로운 무기를 준비해서 대규모 병사를 이끌고 쳐들어갔지만, 쓰라린 패배를 당하고 만 것이다.

술탄이 패배의 충격에서 벗어나기도 전인 4월 20일, 식량을 가득 실은 배 세 척이 콘스탄티노플로 들어가기 위해 마르마라해 쪽으로 다가왔다. 만약 그 배들이 콘스탄티노플로 무사히 들어간다면 이 지역을 봉쇄하려 했던 술탄의 작전은 실패하고 말 것이다.

튀르크군의 대함대는 즉각 마르마라해로 달려가 배를 격침시키려 했다. 그러나 크기는 작아도 갑판이 높고 돛과 노를 자유자재로 부릴 수 있었던 콘스탄티노플 선박들은 튀르크군의 대함대를 간단히 따돌렸다. 수십 척의 튀르크 함대가 세 척의 콘스탄티노플 선박을 향해 포탄과 불화살을 퍼부었지만, 키가 작은 튀르크 함선에서 쏜 포탄은 갑판이 높은 콘스탄티노플 선박에 어떤 타격도 입히지 못했다. 그나마 배에 떨어진 불화살마저 잘 훈련된 선원들이 금세 꺼 버렸.

이윽고 해가 지고 저녁 바람이 불자, 콘스탄티노플 선박들은 팽팽하게 펼친 돛에 저녁 바람을 맞으며 바다 위를 미끄러져 갔다. 돛보다는 노를 사용했던 튀르크 함선들은 바람을 타고 달려가는 배들을 도저히 쫓아갈 수 없었다.

세 척의 배가 당당히 콘스탄티노플 정박지에 도착한 순간, 콘스탄티노플 주민들은 환호성을 질렀다. 비록 배에 실린 식량과 무기의 양은 그다지 많지 않았지만, 튀르크군의 포위망을 뚫고 옴으로써 희망을 안겨 준 것이다.

이 해전으로 콘스탄티노플 사람들이 얻은 것은 바로 '우리도 이길 수 있다'는 자신감과 희망이었다. 그리고 이 희망이야말로 도저히 비교가 되지 않는 보잘것없는 병력으로도 끝까지 튀르크군에 맞서 싸울 수 있는 원동력이었다.

그에 비해 튀르크 진영은 잇따른 패배로 술렁거렸다. 얼마 되지도 않는 적을 상대로 첫 공격에서 200여 명이 죽었고, 해전에서 400여 명이 죽거나 다쳤으며 수십 척의 함대가 부서졌다. 그러나 콘스탄티노플 쪽의 사상자는 거의 없었다. 그렇다면 뭔가 심각한 문제가 있지 않은가?

술탄은 패배의 분을 삭이며, 지금까지의 공격을 곰곰이 되돌아 보았다. 그리고 오랜 고민 끝에 전술을 바꾸기로 했다. 성벽이 튼튼하긴 하지만 병력이 절대적으로 부족한 콘스탄티노플의 약점을 이용하기로 했다. 요컨대 공격 지점을 늘려 콘스탄티노플군이 방어해야 할 지역을 늘리는 데 초점을 맞추기로 한 것이다. 좁은 지역이라면 적은 수의 병사로도 충분히 방어할 수 있겠지만, 지켜야 할 지역이 넓어진다면 병사들이 쉽게 지치고 방어 수준도 떨어질 것이 분명했다.

술탄은 지금 공격하고 있는 메소테이키온 성벽 외에 주요 공격 지점을 더 늘리기로 했다. 그래서 찾은 곳이 크리소케라스만 안쪽에 있는 블라케르나에 지역이었다. 이 지역은 북쪽의 삼중 성벽이 끝나고

한 겹 성벽이 시작되는 부분이었는데, 1204년 십자군이 콘스탄티노플로 쳐들어왔을 때 침입한 지점도 바로 이곳이었다. 성벽 둘레에 해자가 있기는 하지만 일단 성벽이 한 겹이라는 점과 메소테이키온 성벽 쪽에 있는 튀르크군이 신속하게 접근할 수 있다는 점을 고려해 술탄은 이곳을 공격하기로 했다.

단 이곳을 공략하려면 크리소케라스만을 차지해야 했다. 그러나 크리소케라스만의 입구에는 투크르 함대가 들어오지 못하도록 콘스탄티노플군이 여러 겹으로 쳐 놓은 쇠사슬이 있었다. 바다 속을 가로지르는 이 쇠사슬 때문에 지금껏 술탄의 함대는 크리소케라스만 바깥의 보스포루스 해협에만 머무르고 있었다. 술탄은 자신의 함대가 콘스탄티노플군의 쇠사슬에 막혀 크리소케라스만 안으로 들어가지 못한다면 다른 방법을 써서라도 함대의 일부를 만 안으로 옮기기로 결정했다.

술탄은 즉각 콘스탄티노플에서 크리소케라스만 건너편에 있는 갈라타 지역에 임시 도로를 내기 시작했다. 갈라타는 크리소케라스만 입구, 즉 크리소케라스만과 보스포루스 해협이 만나는 곳에 있어 서쪽은 크리소케라스만, 동쪽은 보스포루스 해협과 맞닿아 있었다. 술탄은 쇠사슬 때문에 크리소케라스만에 들어가지 못하고 보스포루스 해협에 모여 있는 함대를 뭍으로 끌어올려 갈라타를 가로질러 크리소케라스만으로 들여보낼 생각이었다.

나무로 만든 선로와 배를 실어 나를 바퀴 달린 받침대, 철제 바퀴가 만들어지고 받침대를 끌 황소가 모였다. 선로가 지나가는 갈라타

콘스탄티노플의 삼중 성벽
테오도시우스 2세(401~450)가 완성했다고 하여 '테오도시우스의 벽'으로 불린다. 원래는 한 겹 성벽이었는데, 테오도시우스 2세 때 지진으로 무너진 성벽을 보수하면서 두 겹의 성벽과 해자를 추가로 설치해 삼중 성벽이 되었다. 1,000여 년 동안 수많은 외세의 침략을 막아 냈지만 1453년 오스만 제국의 압도적인 병력 앞에 결국 무너지고 말았다.

지역은 높이 60미터의 언덕 지대였지만, 술탄에게는 어마어마한 인력과 물자가 있었다.

어느 날 새벽, 크리소케라스만을 살피던 콘스탄티노플군의 정찰병은 눈이 휘둥그레졌다. 보스포루스 해협에 있던 튀르크군의 배들이 잇달아 언덕을 올라 크리소케라스만으로 미끄러져 내려오고 있지 않은가! 배들이 대형 수레에 실려 도로 위로 운반되고 있었던 것이다.

화려한 군기가 펄럭이고 북과 나팔 소리가 요란하게 울려 퍼지는 가운데 술탄의 함선 70척이 크리소케라스만으로 들어왔다. 크리소케라스만은 더 이상 콘스탄티노플의 것이 아니었다.

크리소케라스만을 차지한 술탄은 블라케르나에 지역 바로 앞에 크리소케라스만을 가로지르는 200미터 길이의 부교를 설치했다. 이 부교는 100여 개의 술통을 서로 연결한 다음 그 위에 들보와 널빤지를 얹은 나무다리였다. 폭이 꽤 넓어서 다리 위로 병사 다섯 명이 나란히 지나갈 수 있었고 짐마차도 다닐 수 있었다.

이렇게 해서 보스포루스 해협에 주둔해 있던 튀르크군은 크리소케라스만 쪽의 성벽을 공격할 수 있게 되었다. 또 블라케르나에 성벽에 직접 포격을 할 수도 있었다. 물론 물에 뜨게 만든 나무다리 위로 크고 무거운 신형 대포를 가져다 놓을 수는 없었지만, 작은 대포는 이용할 수 있었다. 이제 술탄은 삼중 성벽의 약한 지점인 메소테이키온 지역과 한 겹 성벽이 시작되는 블라케르나에 지역에 동시에 공격 명령을 내렸다.

새 대포는 잇달아 메소테이키온 성벽을 포격했다. 부교 위의 작은 대포들도 블라케르나에 성벽을 향해 쉬지 않고 불을 뿜었다. 튀르크 함대는 걸핏하면 북과 나팔을 울리며 금방이라도 블라케르나에 성벽을 공격할 듯이 다가왔다. 콘스탄티노플 사람들은 튀르크군의 움직임에 따라 메소테이키온과 블라케르나에 지역을 왔다 갔다 할 수밖에 없었다.

튀르크군은 지상 공격도 더욱 다양하게 펼쳐 나갔다. 방비가 허술

한 곳을 찾아 땅굴을 파기도 하고, 거대한 목탑을 만들어 성의 높이와 같은 곳에서 공격하기도 했다. 비록 큰 효과를 보지는 못했지만, 콘스탄티노플 병사들의 힘을 빼 놓기에는 충분했다. 콘스탄티노플 병사들은 목탑을 부수고 땅굴을 찾아다니느라 기진맥진해졌다.

5월이 되자 상황은 더욱 심각해졌다. 튀르크군의 포위망을 뚫고 들여온 식량이 바닥을 보이기 시작한 것이다. 콘스탄티노플의 목을 서서히 죄어 가던 메메트 2세는 이제 총공격의 시기가 왔음을 깨달았다. 그동안의 공격으로 성벽은 심하게 부서지고 콘스탄티노플군은 지칠 대로 지친 상태였다.

5월 28일, 술탄은 이날을 휴식과 속죄의 날로 정했다. 튀르크군은 금식과 기도를 하며 쥐 죽은 듯 막사에서 시간을 보냈다. 이윽고 해가 지자 모든 병사들이 일제히 일어나 움직이기 시작했다. 수천 명의 병사가 일시에 성벽 앞 해자를 메우고 대포와 무기를 날랐다. 이튿날 새벽 1시 반에 모든 준비가 끝나자, 술탄의 공격 명령이 떨어졌다. 튀르크군은 콘스탄티노플의 병사들이 자신이 맡은 구역에서 꼼짝하지 못하도록 모든 성벽을 동시에 공격했다. 콘스탄티노플군이 메소테이키온과 블라케르나에 지역으로 지원 병력을 보내는 것을 막고, 최정예 예니체리군이 나서기 전에 적의 힘을 빼 놓기 위해서였다.

첫 번째로 비정규군인 바시 바조우크 부대가 공격에 나섰다. 슬라브인, 헝가리인, 게르만인 등 온갖 종족으로 구성된 바시 바조우크 부대는 술탄이 주는 돈과 콘스탄티노플의 전리품을 노리고 있었다. 이들은 반월도와 화승총을 들고 성벽으로 돌진했다. 대부분은 성벽에 막혀 제대로 공격할 수 없었지만, 수비대가 성벽을 지키게 함으로써 메소테이키온과 블라케르나에 지역에 보충병을 보내지 못하게 하려는 목적은 충분히 달성했다. 두 시간 뒤, 술탄은 바시 바조우크 부대를 철수시켰다.

그리고 콘스탄티노플군이 이제 잠깐 쉴 수 있으리라 기대하고 있을 때, 술탄은 두 번째로 이샤크 군 소속의 아나톨리아 부대를 파견했다. 바시 바조우크 부대와 달리, 아나톨리아 부대는 엄격한 규율 아래 갑옷과 투구를 갖추고 파성퇴와 총을 들고 일사분란하게 공격해 들어갔다. 이들은 방책에 몸을 던져 어깨에 어깨를 밟고 차례로 성벽을 기어 올라갔다. 콘스탄티노플군은 이번에도 만만하지 않았다. 콘스탄티노플군은 투석기로 돌을 날리고, 대포를 쏘며, 창과 화살로 온 힘을 다해 성벽을 지켜 냈다.

그러나 술탄에게는 아직 예니체리군이 남아 있었다. 예니체리군의 공격 방식은 남달랐다. 진열을 제대로 갖추고서 한 줄이 방책을 부수면, 그 다음 한 줄이 나와 사다리를 갖다 대고, 다시 한 줄이 나와 성벽을 기어 올라가는 식으로 질서 정연하게 움직였다. 적이 성벽 위에서 돌을 퍼부어 다치는 병사가 생기면 곧바로 다른 병사들이 투입되었다. 예니체리군은 천천히, 그러나 빈틈없이 콘스탄티노플의 목을 죄어 갔다.

콘스탄티노플군은 기진맥진했다. 새벽에 시작된 싸움이 해가 뜰 무렵까지 계속되면서 대부분의 병사들이 거의 쉬지 못했다. 바로 그때 블라케르나에 성벽 모서리에 생긴 작은 틈으로 튀르크군 몇 명이 침입해 들어갔다. 그와 동시에 콘스탄티노플군의 지휘관 주스티니아니가 튀르크군이 쏜 포탄 파편에 맞아 큰 부상을 입고 잠시 자리를 비웠다. 그러자 겁에 질린 콘스탄티노플 병사들도 덩달아 자리를 비웠다. 그 틈을 타서 성벽 안으로 침입한 튀르크 병사 하나가 성벽 위로 올라가 오스만 제국의 깃발을 휘두르며 크게 소리쳤다.

"도시는 우리 것이다!"

그러자 모든 콘스탄티노플 병사들이 일제히 성을 버리고 살길을 찾아 달아났다. 항구 근처에 있던 병사들은 배를 타고 탈출했고, 어떤 병사들은 목숨만이라도 구하기 위해 항복했다. 대부분의 병사들은 튀르크군에게 무참히 살육되었다.

마침내 블라케르나에 탑에 오스만 제국의 깃발이 꽂히자 튀르크군은 거대한 파도처럼 성벽으로 돌진했다.

10만 대군을 이끌고 쳐들어온 오스만 제국의 끈질긴 공격에, 1,000여 년간 적의 침입을 허락하지 않았던 콘스탄티노플 최후의 보루가 마침내 무너지고 만 것이다.

콘스탄티노플 함락의 의미

로마가 타락하고 훈족을 비롯한 이민족의 위협 또한 커지자, 독실한 기독교도였던 콘스탄티누스 1세는 서기 325년 로마 제국의 수도를 비잔티움으로 옮기고 330년 비잔티움의 이름을 콘스탄티노플로 바꾸었다. 그 뒤 콘스탄티노플은 기독교의 종교적 신념과, 그리스의 문화 및 로마의 정치 이념과 제도를 이어받은 유럽 문화의 계승지로 자리 잡았다.

지리적으로 중세 유럽의 기독교 국가와 아나톨리아(소아시아) 반도의 이교도 국가 사이에 끼어 있었던 콘스탄티노플은 유럽의 기독교 국가들을 이교도의 침략으로부터 지켜 주는 수문장 역할을 하면서 동시에 기독교와 다른 종교의 문화를 통합하는 역할을 했다. 또한 실크로드와 지중해 상권을 이어 중세 유럽의 상업을 발전시켰다.

그러나 콘스탄티노플의 황금기는 오래가지 않았다. 395년 로마 제국이 동로마 제국과 서로마 제국으로 분열되고 약 80년 후 서로마 제국이 멸망하면서 로마 교황과 콘스탄티노플의 황제 사이에 다툼이 잦아졌다. 1054년 유럽의 기독교 사회는 결국 교황을 우두머리로 섬기는 로마 가톨릭교회와 지역 교회의 독자성을 중요하게 여기는 동로마 제국의 그리스 정교회로 완전히 분리되었다. 뿐만 아니라 서로마의 기독교인들이 성지인 예루살렘과 팔레스타인을 되찾기 위해 십자군 원정에 나서면서, 한때 동료였던 콘스탄티노플을 침략하는 사태까지 일어났다. 서유럽의 로마 가톨릭교회와 대치하며 그리스 정교회를 이끌던 콘스탄티노플은 설상가상으로 실크로드를 둘러싼 상업의 주도권을 놓고 이슬람교도들과도 심각하게 대립하였다. 결국 1453년, 콘스탄티노플은 아시아와 유럽을 아우르는 대제국을 건설하려는 오스만 제국의 술탄 메메트 2세에게 정복되었다.

콘스탄티노플의 함락으로 유럽의 종교는 서로마 제국의 로마 가톨릭교회를 중심으로 재편되었고, 콘스탄티노플의 그리스 정교회는 동유럽 쪽으로 기반을 옮겨 가게 되었다. 또한 실크로드와 유럽의 연결 통로를 이슬람 국가인 오스만 제국이 차지하면서, 실크로드의 서쪽 끝에서 동방 무역을 통해 번성하던 지중해의 도시 국가들(베네치아, 제노바 등)이 몰락하고, 상업의 중심지가 장거리 항해로 무역을 하는 대서양 연안 국가(에스파냐, 포르투갈 등)로 옮겨 갔다. 이후 유럽 국가들은 새로운 교역로를 찾아 앞다투어 탐험 사업에 나섰고, 15세기 말에는 마침내 콜럼버스가 아메리카 대륙을 발견하여 정복하기에 이른다.

미국 독립 전쟁의 분수령이 된
요크타운 전투

　북아메리카 대륙의 식민지들이 영국으로부터 독립을 주장하며 한창 치열하게 전쟁을 벌이던 때, 북아메리카 남부 지역에서 식민지군을 소탕하며 뉴욕으로 진군하던 영국의 콘월리스 장군은 상부로부터 해상 지원군이 도착할 항구를 확보하라는 명령을 받고 휘하의 병력 7,000명을 데리고 버지니아주 요크타운으로 향했다. 요크타운은 대서양 쪽의 체서피크만으로 흘러드는 요크 강가에 위치하고 있어 영국 해군이 접근하기 좋은 곳이었다. 콘월리스 장군은 요크타운에 요새를 짓고 힘을 비축하면서 식량과 무기를 싣고 올 지원군을 기다리기로 했다.
　그러나 요새를 짓기 시작한 지 한 달 뒤 프랑스 해군이 체서피크만을 차지하자, 콘월리스 장군은 위기감을 느끼고 곧바로 뉴욕에 지원군을 보내 달라고 요청했다. 하지만 지원군이 도착하기도 전인 9월 28일, 프랑스와 식민지 연합군* 1만 5,000여 명이 요크타운 서쪽으로 몰려와 막사를 짓기 시작했다. 이로써 콘윌리스 장군이 이끄는 영국군은 요크타운에 완전히 갇히고 말았다.

콘윌리스 장군은 새까맣게 진을 친 연합군을 본 순간, 포위선 정면에 있는 서쪽 보루들을 포기해야겠다고 판단했다. 그러나 남동쪽 강변의 9번과 10번 보루에는 병력을 남겨 놓았다. 이 두 곳은 곧 도착할 지원군을 위해서라도 꼭 확보해야 했다.

덕분에 프랑스와 식민지 연합군은 피 한 방울 흘리지 않고 영국군이 있는 요크타운 요새 앞 참호까지 전진할 수 있었다. 이제 영국의 지원군이 도착하기 전에 요크타운을 점령하려면 전투를 서둘러야 했다. 프랑스와 식민지 연합군은 곧바로 요크타운 공격 준비에 들어갔다.

프랑스 함대가 뉴포트에서 최신형 대포를 싣고 오는 동안, 프랑스 공병대는 로샹보 장군의 지휘 아래 영국군의 포격을 피해 방벽의 약한 부분을 집중 포격할 수 있는 곳에 참호를 팠다. 한편 포위전을 성공시키기 위해 연합군의 총사령관인 워싱턴 장군은 영국군이 식량

---

* **연합군** 미국 독립 전쟁이 벌어질 무렵, 영국과 프랑스는 북아메리카를 두고 미묘한 신경전을 벌이고 있었다. 독립 전쟁이 일어나자 프랑스는 북아메리카 대륙에서 영국 세력을 몰아낼 절호의 기회라고 생각했다. 프랑스는 내전에 간섭한다는 영국의 비난을 피하기 위해 1776년부터 식민지군에 은밀하게 물자와 자금을 원조했고, 1778년부터는 연합군을 이루어 함께 싸웠다.

미국 건국의 아버지, 조지 워싱턴
조지 워싱턴(1732~1799)은 1775년 미국 독립 전쟁이 일어나자 총사령관을 맡아 식민지군을 이끌었다. 농민 출신이 대부분인 식민지군을 조직해 잘 훈련된 영국군을 상대로 중요한 승리를 거두었으며, 1781년 요크타운 포위전도 승리로 이끌었다. 전쟁이 끝난 뒤 미국의 초대 대통령이 되었다.

과 무기를 보급받거나 도망갈 수 없도록 길을 차단했다. 이미 요크타운 북서쪽과 남서쪽에는 연합군의 진지가, 남동쪽에는 일찍부터 프랑스 육군이, 북동쪽의 체서피크만에는 프랑스 해군이 있었으므로 영국군이 외부와 소통할 수 있는 길은 요크강 건너의 글로스터 포인트뿐이었다. 그런데 10월 3일, 워싱턴 장군이 그곳에 연합군 기병대를 보내 1,000여 명의 영국군이 주둔하고 있던 글로스터 포인트를 간단히 점령해 버렸다.

보급로와 퇴로가 모두 끊긴 영국군에게는 요새에 남아 있는 식량과 무기가 전부였다. 식량도 탄환도 언제 떨어질지 모르는 상황에서 영국군 병사들은 불안감에 휩싸였고, 콘월리스 장군은 급한 대로 요새 안에 있던 말을 죽여 식량을 확보했다. 마지막으로 기댈 것이라곤 지원 병력뿐이었지만 곧 온다던 지원 병력은 감감무소식이었다.

마침내 공격 준비를 끝낸 연합군은 요크타운 요새를 길게 둘러싼 참호에서 375문에 달하는 프랑스 신형 대포들을 일제히 쏘아 댔다. 그러자 12킬로그램에 달하는 포탄이 포물선을 그리며 날아가 방벽을 부수었다. 또한 일직선으로 발포되는 야전포가 불을 뿜으며 방벽 안에서 방어하던 영국군을 무참하게 죽였다.

영국군도 대포가 있었지만 말을 죽여서 식량으로 쓰는 바람에 대포를 자유롭게 움직일 수 없었다. 게다가 포탄과 화약도 충분하지 않았다.

콘월리스 장군은 급기야 공격 중지 명령을 내렸다. 방벽이 무너질 때를 대비해 총알과 화약을 아끼라고 지시한 것이다. 이때부터 영국군은 포탄이 쏟아지는 가운데 지하에 땅굴을 파서 숨거나 아직 남아 있는 방벽 밑에 몸을 숨겨야 했다.

포격이 시작된 지 이틀 뒤, 마침내 연합군은 요크타운 바깥쪽을 둘러싼 방벽을 무너뜨렸다. 이제 영국군을 지켜 줄 것이라곤 막사가 모여 있는 숙영지 주위에 방어선을 따라 둥글게 파 놓은 참호밖에 없었다.

연합군이 부서진 방벽을 지나 영국군 숙영지에서 300미터쯤 떨어진 곳에 두 번째 참호를 파자, 영국군의 참호와 숙영지는 완전히 연합군의 사정거리 안에 들게 되었다. 이제는 대포뿐 아니라 총으로도 영국군을 공격할 수 있었으며 심지어 요크 강가에 정박해 있는 영국 함선까지 대포로 격침시킬 수 있었다. 게다가 항구와 맞닿아 있는 9, 10번 보루를 빼앗음으로써 지원군이 온다 해도 접근조차 할 수 없게 해 버렸다.

콘월리스는 더 이상 밀렸다가는 전멸이라고 판단하고, 병사들에게 남은 탄약을 쓰라고 지시했다. 병사들은 막사 곳곳에 파 놓은 참호에서 죽을힘을 다해 총을 쏘았다. 그러나 총알도 충분치 않았으며, 병사 수도 연합군에 비해 턱없이 적었다. 요크타운 요새는 연합군의 대포와 총탄에 만신창이가 되었고, 병사들은 굶주림과 부상으로 신음하고 있었다. 영국군의 처지는 바람 앞의 등불과 같았다.

10월 16일 밤, 궁리 끝에 콘월리스 장군은 탈출을 시도했다. 이대로 싸우다가는 병사들의 피해가 너무 커질 것 같았고, 항복을 하기에는 도저히 대영 제국의 자존심이 허락하지 않았다. 콘월리스 장군은 남은 병력을 함선에 태우고 강 건너 글로스터 포인트로 가서 연합군을 돌파하려고 했다. 그곳에서 북쪽으로 조금만 올라가면 영국군이 주둔하고 있는 뉴욕에 갈 수 있다고 판단했기 때문이다. 글로스터 포인트에는 연합군이 요크타운만큼 많지 않았으므로 맞붙어 싸우더라도 승산이 있을 것 같았다.

그러나 운명이었을까. 갑자기 폭풍이 몰아치는 바람에 맹렬히 날

뛰는 요크강 위에 도저히 배를 띄울 수 없게 되었다. 도주 계획이 실패로 돌아간 것이다.

다음 날 아침 결국 콘월리스 장군은 워싱턴 장군에게 항복의 뜻을 밝혔다. 그러고는 이틀 동안 포로 처리를 비롯한 항복 조건을 의논한 뒤, 항복 문서에 서명하는 조인식을 가졌다. 10월 19일, 연합군이 요크타운을 포위한 지 21일 만의 일이었다.

이로써 뉴욕에 있는 영국군과 미국 남부에서 북부로 진격하는 영국군의 합동 공격으로 식민지군을 격퇴시키려던 영국군의 전략은 수포로 돌아갔다. 그리고 2년 뒤 영국은 파리 조약을 통해 미국의 독립을 인정했다.

요크타운 전투와 미국의 독립

18세기 중반까지 영국은 북아메리카 대륙에 식민지 열세 곳을 세웠고, 식민지 주민들은 영국의 지배를 받으며 살았다. 그런데 영국이 식민지에 가혹한 조세 정책을 적용하고 무조건 따를 것을 강요하자, 1775년 식민지 주민들은 영국으로부터 독립을 선언하기에 이르렀다. 미국 독립 전쟁은 이에 반발한 영국이 전쟁을 선포하면서 시작되었다.

전쟁 초반에는 농민 출신이 대부분인 식민지군이 노련한 영국군을 이기리라고는 아무도 생각하지 못했다. 그러나 식민지군은 영국의 지배에서 벗어나 자신들만의 자유로운 국가를 세우겠다는 굳은

의지가 있었고, 전쟁의 무대가 자신들이 살아온 터전이라는 이점을 이용해 게릴라전과 첩보전을 자유롭게 구사하며 선전했다. 여기에 영국을 견제하기 위해 프랑스, 에스파냐, 네덜란드 등이 지원군을 보내자, 식민지군은 요크타운 전투를 기점으로 영국군의 기세를 완전히 꺾어 놓았다.

요크타운 전투에서 패배한 소식이 알려지면서 영국 내부에서는 전쟁을 그만두라는 여론이 더욱 거세졌다. 요크타운 전투 이후 제대로 된 전투 한 번 없이 물러난 영국은 결국 1783년에 미국의 독립을 인정해 주었다.

신생 독립국이 된 미국은 나라를 다스리는 데 가장 적합한 체제로 왕이 다스리는 군주제 대신에 국민이 4년마다 지도자를 새로 뽑는 대통령제를 채택했다. 또한 대통령을 도우며 견제하는 장치로 의회와 법원을 두어 각각의 권력이 균형을 이루도록 했다.

그때까지 이러한 정치 제도를 주장하는 사상은 있었지만, 실제로 민주주의 공화국을 세운 것은 미국이 처음이었다. 미국의 새로운 정치 실험은 다른 식민지 국가들은 물론이고 유럽의 지식인 및 시민들에게도 큰 영향을 주었다. 이후 유럽에서는 미국 독립 전쟁에 직접, 간접적인 영향을 받아 프랑스 혁명을 비롯한 여러 시민 혁명이 일어나게 되었다.

나폴레옹 최후의 결전, 워털루 전투

1815년 6월 18일, 요란한 포탄 소리가 워털루의 하늘을 뒤흔들었다. 유배지 엘바섬을 탈출해 다시 정권을 노리는 프랑스의 나폴레옹 군대와 이를 막으려는 영국의 웰링턴 군대가 워털루에서 맞붙은 것이다.

프랑스 혁명의 정신을 전파하겠다는 구실로 유럽 각국과 전쟁을 벌이던 나폴레옹이 1년 전에 유럽 동맹군에 패해 엘바섬으로 유배되자, 루이 18세가 황제 자리에 올라 국민들의 자유를 탄압했다. 이에 나폴레옹은 엘바섬을 탈출해 지지 세력을 모아 권력을 되찾았다.

소식을 들은 유럽 각국이 다시 동맹군을 결성하려고 하자, 나폴레옹은 적들을 하나씩 나누어 물리치기로 하고 먼저 리니에서 프로이센(지금의 독일 지역에 있던 나라) 군대를 격파했다. 그러자 인근의 카트르

브라에 있던 영국군이 재빨리 북으로 달아났다. 나폴레옹은 우익 지휘관 그루시에게 도망치는 프로이센 군대를 추격하라고 지시하고는 영국군을 쫓아 워털루로 왔다.

실제로 싸움은 프랑스군에게 유리해 보였다. 병사 수에서도, 대포 수에서도 영국군보다 우위에 있었기 때문이다. 더구나 프랑스군을 이끌고 있는 사람은 '전쟁의 신'으로 이름난 천하의 나폴레옹이 아닌가.

그러나 나폴레옹 군을 피해 북으로 후퇴를 거듭하던 영국군은 워털루에서 남쪽으로 5킬로미터쯤 떨어진 몽생장 부근에 이르자, 약 3킬로미터에 달하는 언덕의 긴 능선을 따라 병력과 대포를 배치하기 시작했다. 마침내 후퇴를 멈추고 6만 8,000명의 병사들이 전선을 형성한 것이다.

영국군은 병력의 대부분을 중앙에 배치하면서, 최전방에 포병과 대포를 두고 그 뒤로 보병과 기병을 포진시켰다. 만약 적이 능선 밑에서 공격해 오면, 능선 뒤에서 적의 포화를 피하다가 기회를 노려 대대적인 반격을 가할 셈이었다. 또한 적이 공격해 왔을 때 측면을 강타하기 위해 능선 밑 양쪽에 있는 농가와 성곽에도 일부 병력을 배치했다.

'설령 후퇴하게 되더라도, 저 숲이 우리를 보호해 줄 것이다.'

영국군 대장 웰링턴은 능선 뒤쪽의 울창한 숲을 바라보며 속으로 안도했다. 퇴각할 때조차 완벽한 지형. 그곳은 말 그대로 '천연의 요새'였다.

나폴레옹은 맞은편의 고지대 라 벨알리앙스에 진을 치고 웰링턴 부대의 포진 형태를 주시했다. 대부분의 병력이 중앙에 집중되어 있는 것으로 보아, 중앙에서 자연 방어막인 능선을 방패 삼아 맞서겠다는 의도 같았다.

웰링턴 군의 병력은 6만 8,000명, 나폴레옹 군의 병력은 7만 2,000명. 나폴레옹 군의 병력이 조금 우세하긴 했지만, 정상적인 전투라면 적이 두텁게 방어하고 있는 중앙을 돌파하기란 쉽지 않을 터였다.

그러나 이틀 전 카트르브라에서 이미 영국군을 밀어낸 바 있고 리니에서 프로이센군까지 격퇴시킨 나폴레옹은 자신감에 차 있었다. 방어에만 급급한 영국군이 너무나 한심해 보였고, 자신의 군대를 맞아 후퇴를 거듭하는 웰링턴도 우습게 보였다.

나폴레옹은 미셸 네 장군에게 정면 돌파로 적의 공격력을 무너뜨리라고 했다. 그러면 결정적인 시기에 자신이 제국 근위대를 이끌고 쳐들어가 적을 완전히 무찌를 셈이었다.

나폴레옹 휘하의 뛰어난 전투 지휘관 솔트와 제2군단장 레이유는 이 단순하고 어이없는 작전에 걱정이 앞섰다.

"폐하, 적은 지금 중앙에 거의 모든 병력을 집중시켜 놓았습니다. 그런 곳을 정면으로 공격하라니, 아무래도 무모해 보입니다."

그러나 나폴레옹은 이 노련한 장수들의 말을 듣지 않았다. 영국군과 웰링턴 장군을 우습게 본 데다 건강도 좋지 않아 특유의 냉철한 판단력과 총기가 흐려져 있었던 것이다. 나폴레옹은 그저 하루빨리 전쟁을 끝내고 싶었다.

나폴레옹으로부터 중앙 돌파를 명령받은 미셸 네 장군은 먼저 제2군단의 6사단장 제롬에게 서쪽 성곽인 우구몽을 먼저 공격하라고 지시했다. 웰링턴이 이곳을 지원하기 위해 중앙 병력을 분산시킬 때, 제1군단장 데를롱으로 하여금 영국군의 중앙을 치게 할 셈이었다.

곧 제롬이 1만 3,000명의 보병을 이끌고 서쪽 성곽으로 떠났다. 그곳을 지키고 있던 영국군의 규모는 약 2,000명. 중앙에 있는 영국군이 지원하러 온다 해도 이 정도의 병력이라면 불과 두세 시간이면 점령할 수 있을 것 같았다.

그러나 영국군은 여섯 배에 달하는 프랑스군을 맞이해 죽기를 각오하고 싸웠다. 이 때문에 중앙에 있던 웰링턴 부대는 전혀 분산되지 않았다. 적의 측면을 쳐서 중앙 병력을 분산시키려던 미셸 네 장군의 계획이 수포로 돌아간 것이다.

그러자 미셸 네 장군은 중앙을 맡은 데를롱 군단장에게 공격 명령을 내렸다. 데를롱은 적의 중앙을 향해 대포를 쏘며 공격을 시작했다. 그러나 전날 내린 비에 땅이 젖어 대포알이 튀는 속도가 줄어든 탓에 별 효과를 보지 못했다.

그 시각 전열을 가다듬고 다음 공격을 준비하며 전장을 응시하던 나폴레옹은 망원경 너머로 오른편 동쪽 숲에서 엄청난 병력이 접근하는 것을 보았다.

"음… 그루시가 돌아오는 건가?"

이틀 전 그루시로 하여금 프로이센군을 추격하게 했는데 벌써 그들을 격파하고 돌아오는 줄 알았던 것이다.

바로 그때 참모 장교가 나폴레옹 곁으로 다가와 다급하게 말했다.

"폐하, 큰일 났습니다! 블뤼허가 이끄는 프로이센 군대가 동쪽에서 다가오고 있다고 합니다!"

나폴레옹은 어안이 벙벙했다. 프로이센 군대라니? 바로 이틀 전에 패해 달아난 군대가 접근하고 있다니, 도대체 이게 무슨 말인가? 뒤쫓아 간 그루시는 대체 무엇을 하고 있단 말인가?

"프로이센 군대가 웰링턴 부대에서 확실히 떨어져 나갔는지, 아니면 다른 계획을 짜고 있는지 면밀히 조사해서 기병대를 통해 본부에 신속히 연락하게!"

그루시에게 추격 명령을 내릴 때, 나폴레옹은 그렇게 말했다. 언제든지 지원을 받을 수 있는 거리를 유지하고 긴밀하게 연락하는 것을 중요하게 생각했기 때문이다. 그루시에게서 온 전갈은 '프로이센군이 와브로 퇴각했다'는 내용뿐이었다. 와브로는 워털루에서 북동쪽으로 불과 13킬로미터밖에 떨어져 있지 않았지만, 어쨌든 프로이센군이 퇴각했다는 그루시의 말만 믿고 그쪽으로는 신경도 쓰지 않고 웰링턴 부대를 공격했던 것이다.

그런데 난데없이 프로이센군이 공격해 오다니!

'그루시의 말만 믿었던 게 잘못이다! 전령을 보내 그쪽 상황을 살폈어야 했는데…'

나폴레옹은 몹시 후회스러웠지만, 이제는 그루시가 빨리 와 주기를 바라는 수밖에 없었다. 그루시에게는 3만 4,000명의 병사와 108문에 달하는 대포가 있으니, 제때 도착해 주기만 한다면 프로이센

군이 가세한다고 해도 충분히 승산이 있었다. 나폴레옹은 당장 그루시에게 지원을 요청하는 전령을 보낸 뒤, 무방비 상태인 동쪽으로 5,000명의 병력을 보내 프로이센 군대를 최대한 막도록 했다.

그 시각 그루시는 엉뚱하게도 프로이센 병사들을 쳐부수며 승리감에 취해 있었다. 이틀 전 리니에서 나폴레옹 군에 밀려 도망치던 프로이센군은 영국군에게 비밀리에 전령을 보내 곧 지원하러 가겠다고 알렸다. 그러고는 와브로에 일부러 병력의 일부를 남겨 그루시의 군대를 유인한 뒤, 그 틈을 타서 3만 명의 병사들을 이끌고 워털루로 쳐들어왔다. 그루시는 바로 이 계략에 속아 넘어가 와브로에서 미끼나 다름없는 프로이센 군대를 상대하고 있었던 것이다.

진격, 진격! 프로이센 군대가 벌 떼같이 쳐들어오자 다급해진 나폴레옹은 웰링턴 군 중앙을 향해 포탄을 퍼부었다. 그리고 군단장 데를롱이 이끄는 1만 8,000명의 프랑스군이 가로 200줄, 세로 27줄로 빽빽하게 밀집 대형을 이루고 진격했다. 영국군은 황급히 능선 너머로 후퇴했다. 프랑스군은 이들을 쫓아 올라갔지만, 비탈길이 고르지 못해 진형을 유지할 수 없었다. 이 때문에 능선 바로 밑에 도착한 프랑스군은 쉽게 발을 맞추어 올라가기 위해 다시 작게 대열을 짜기 시작했다.

그때 어디선가 우렁찬 소리가 들려왔다.

"일어서!"

그 소리를 신호로, 능선 너머에 납작하게 엎드려 있던 영국군이 한꺼번에 일어나 프랑스군을 겨냥해 일제히 머스킷 총을 쏘아 댔다. 능

선 너머의 영국군과 불과 27미터밖에 떨어져 있지 않았던 프랑스군은 빗발치는 영국군의 총탄에 맥없이 쓰러졌다.

영국군은 여세를 몰아 프랑스군을 밀어붙였지만, 프랑스군의 중앙을 맡고 있던 보병대가 지원군으로 가세하자 병력의 열세를 이기지 못하고 밀리기 시작했다.

"퇴각하라! 퇴각하라!"

웰링턴은 대포를 버리고 능선 너머로 군사들을 후퇴시켰다. 프로이센 군대가 도착하면 힘을 합쳐 총공격을 퍼붓기 위해 병력을 아껴 두려는 것이었다. 이때부터 싸움은 반전에 반전을 거듭했다. 하지만 중앙 병력에서 절대적으로 열세였던 웰링턴 부대는 프랑스군의 잇단 공세에 결국 반 토막이 나고 말았다.

다급해진 웰링턴은 동쪽에서 나폴레옹 군과 맞붙어 싸우고 있는 프로이센군에게 측면을 공격해 달라는 전령을 보냈다. 프로이센군의 지원이 없다면, 그대로 몰살당하거나 달아나는 수밖에 없는 절박한 상황이었다.

프랑스군의 미셸 네 장군은 지금이야말로 궁지에 몰린 웰링턴 군에게 결정타를 날릴 기회라고 판단하고, 나폴레옹에게 병력을 더 지원해 달라고 요청했다. 그러나 나폴레옹은 측면의 프로이센군을 막느라 정신이 없었다.

그사이에 프로이센군 일부가 나폴레옹 군의 동쪽 저지선을 뚫고 영국군에 합류했다. 웰링턴은 곧 전열을 정비했다.

"총공격!"

웰링턴은 병사들에게 소리쳤다. 그러자 영국군과 프로이센군은 일제히 함성을 지르며 능선을 따라 내려가 프랑스군을 공격하기 시작했다. 수적으로 우세해진 상태에서 프로이센군이 프랑스군의 측면을, 영국군과 프로이센군이 힘을 합해 프랑스군의 중앙을 동시에 공격하자 전세는 급격히 기울고 말았다. 무적을 자랑하는 프랑스 제국 근위대가 놀라서 달아나자, 겁에 질린 프랑스 병사들은 희망을 잃고 앞다투어 달아나기 시작했다.

"아직도 그루시에게서는 연락이 없나? 지금이라도 온다면 승산이 있는데…."

나폴레옹은 전선이 무너져 가는 가운데서도 그루시 부대를 애타게 기다렸지만, 그루시가 병력을 이끌고 도착할 때쯤이면 전투는 이미 끝나 있을 터였다.

마침내 영국과 프로이센 연합군은 프랑스군을 거세게 몰아붙여 '전쟁의 신'으로 불리던 나폴레옹에게서 대승을 거두었다. 이로써 권력을 되찾으려던 나폴레옹의 꿈은 허무하게 무너지고, 프랑스 혁명을 둘러싼 프랑스와 유럽 국가들 사이의 23년에 걸친 전쟁도 끝이 났다.

나폴레옹은 누구일까?

프랑스에서 혁명이 일어나 왕정이 무너지자, 이웃 나라 군주들은 자기 나라에도 혁명의 불길이 번질까 봐 겁을 먹었다. 그래서 프랑스 혁명*을 진압하기 위해 동맹군을 결성할 움직임을 보이기 시작했고, 이에 프랑스는 혁명 정신을 지키기 위해 이들에게 전쟁을 선포했다. 이렇게 해서 프랑스 혁명 전쟁이 일어났다.

나폴레옹(1769~1821)은 프랑스 혁명 전쟁에 뛰어들어 왕당파의 반란을 진압하고 유럽 동맹군을 물리쳐 프랑스를 구한 영웅으로 떠올랐다. 하지만 공화국이 혼란을 거듭하는 틈을 타서 1799년 무력으로 권력을 장악하더니 1804년에는 혁명 정신을 거스르고 황제의 자리에 올랐다.

황제가 된 나폴레옹은 자유와 평등을 기본으로 하는 '나폴레옹 법전'을 발표하고 세금 제도를 개편하는가 하면, 귀족의 토지를 농민들에게 나누어 주는 등 긍정적인 업적도 많이 남겼다. 하지만 나폴레옹이 절대 권력을 얻은 뒤 프랑스 혁명 전쟁은 자유와 평등을 널리 퍼뜨린다는 원래의 정신에서 벗어나 정복 전쟁으로 변질되고 말았다. 계속된 정복 전쟁으로 프랑스 국민들도 100만 명 가까이 목숨을 잃었다.

그런데도 나폴레옹은 1812년 러시아 원정을 감행했다가 무려 40만여 명이 얼어 죽는 참패를 당했다. 이듬해인 1813년 나폴레옹은

---

* **프랑스 혁명**　1789년부터 1799년까지 프랑스에서 일어난 시민 혁명. 혁명 전 프랑스는 성직자, 귀족 및 평민으로 계급이 나뉘어 있었다. 소수인 성직자와 귀족은 프랑스 영토의 절반에 가까운 땅을 차지하고 있었지만, 세금은 주로 평민만 냈다. 그런 마당에 프랑스 정부가 대외 전쟁으로 파탄에 이른 재정을 세금으로 메우려 하자, 참다못한 평민들이 자유와 평등을 외치며 혁명을 일으켰다.

전장을 누비는 나폴레옹

독일 동부에 있는 라이프치히 전투에서 또다시 크게 패함으로써 군사도, 국민의 지지도 완전히 잃고 말았다.

그 뒤 나폴레옹은 엘바섬에 유배되었다가 탈출해 권력을 되찾았지만 워털루 전투에서 패배하면서 권력을 향한 재도전은 백일천하로 끝나고 말았다. 나폴레옹은 아프리카 대륙의 먼바다에 있는 세인트헬레나섬에 유배되어 그곳에서 삶을 마감하였다.

인도인의 민족정신을 일깨운
세포이 항쟁

　영국 동인도 회사에 고용된 인도인 병사 세포이들의 저항이 시작된 것은, 1857년 영국에서 새로 지급한 신식 엔필드 총을 거부하면서부터였다. 엔필드 총의 탄약이 기름 먹인 빳빳한 종이 탄피에 싸여 있는데, 이 기름이 돼지나 소의 기름이라는 것이 이유였다.
　당시에는 한 손으로 총을 쥐고 또 한 손으로 화약과 총알이 들어 있는 종이 탄피를 꺼내 이로 종이를 찢은 다음 화약을 총구에 쏟아 넣었기 때문에 사용자가 이 기름종이에 입을 댈 수밖에 없었다. 힌두교도나 이슬람교도의 입장에서 보면, 이것은 엄청난 모욕이었다. 힌두교에서는 소를 신성하게 여겼고 이슬람교에서는 돼지를 불결한 동물로 여겼기 때문이다. 세포이들 중에 브라만 계급 출신이 유난히 많았던 메루트에서 이 문제는 더욱 민감한 사안이 되었다. 브라만은 인도의 신분 제도인 카스트 제도에서 힌두교의 교리를 실천하고 가르치며 종교 의식을 집행하는 성직자 계급이었기 때문이다.

가뜩이나 영국인 병사들과 자신들을 차별하는 데 불만을 품고 있던 메루트의 세포이들은 단호했다. 비록 자신들이 영국 동인도 회사*의 인도 지배를 도왔다고는 하나, 도를 넘는 차별과 자신들의 문화와 종교마저 모독하는 상황을 더 이상 참을 수가 없었다. 그것은 그들의 정신과 영혼을 짓밟는 것과 같았기 때문이다.

벵골군 소속으로 3분의 1 이상이 같은 지방 출신이라서 뭉치기도 쉬웠던 세포이들은 비로소 억압의 굴레를 떨치고, 더 이상 비굴하게 복종하지 않겠다고 선언했다.

그러나 총칼로 인도를 점령하고 통치하던 영국 동인도 회사의 대응은 냉혹하고 잔인했다. 영국은 즉각 엔필드 총을 거부한 85명의 세포이들에게 징역 10년을 선고했다. 그리고 명령을 어기면 어떻게 되는지 본때를 보여 주기 위해, 세포이 부대를 모아 놓고 이들 85명이 다리에 쇠고랑을 차고 끌려가는 모습을 똑똑히 지켜보게 했다.

세포이들은 격분했다.

"영국 놈들, 물러가라!"

1857년 5월 10일 일요일 저녁, 마침내 인도 북부 메루트에 주둔하고 있던 3,000여 명의 세포이들이 들고일어났다. 차별과 억압을 일삼

---

* **영국 동인도 회사** 1600년 인도와 무역을 하기 위해 영국의 상인들이 만든 회사. 인도 해안에 무역 창고를 짓고 창고를 지킨다는 명분으로 영국군을 끌어들이고, 모자라는 병력은 인도에서 세포이들을 고용하여 메웠다. 동인도 회사는 군대를 통해 무력으로 인도의 상업권과 행정권을 장악하고 인도인을 수탈했다.

는 영국 동인도 회사에 맞서 대대적인 저항을 벌인 것이다.

분노한 세포이들은 영국인 장교를 총으로 쏴 죽이고, 어둡고 차디찬 감옥에 갇혀 있던 동료 85명을 구출했다. 그리고 무기가 들어 있는 병기고를 부수고, 총과 탄약을 챙겼다.

메루트에는 약 2,000명의 영국인 병사들이 있었지만 일요일 저녁이라서 대부분 교회에 나가 예배를 드리거나 집에서 쉬고 있었다.

"델리로! 우리의 황제가 있는 델리로 가자!"

항쟁에 동참한 세포이들은 너나없이 소리쳤다. 거의 모든 세포이들이 한마음, 한목소리로 항쟁에 참여했지만, 문제는 그들을 이끌어 줄 지휘관이 없다는 점이었다. 세포이들은 하사관까지밖에 진급할 수 없었다. 누구도 많은 병사들을 통솔해 본 경험이 없었던 데다, 봉기 자체가 치밀하게 계획되고 준비된 것이 아닌, 말 그대로 쌓였던 분노가 한순간에 폭발하면서 발생한 것이었다.

세포이들은 영국 병사들이 무장하고 달려오기 전에 자신들을 이끌어 줄 지휘관이 있는 곳으로 떠났다. 메루트에서 남서쪽으로 48킬로미터 떨어져 있는 무굴 제국의 수도, 델리. 그곳이 바로 그들이 선택한 최종 목적지였다.

무굴 제국은 지금은 이름뿐인 나라가 되었으나 한때는 인도 대륙의 작은 나라 수백 곳을 통합하여 대제국을 세우고 다스릴 만큼 막강했다. 세포이들은 무굴 제국의 황제 바하두르 샤 2세에게 자신들의 지도자가 되어 영국을 몰아내고 무굴 제국의 영광을 다시 찾자고 할 생각이었다. 게다가 델리에는 영국인 병사가 많지 않고 무기나 탄약이 있는 병기고가 있으니, 그곳을 거점으로 항쟁을 확산시켜 나갈 수 있을 것 같았다.

이틀 뒤 메루트에서 행군해 온 세포이들이 델리의 입구인 카슈미르 문 앞에 서자, 델리의 세포이들이 소리쳤다.

"메루트 세포이들이 온다! 모두 문을 열고 환영하라!"

여느 세포이들과 마찬가지로 그들도 인도인이었고, 영국의 차별과 부당한 대우에 불만이 쌓일 대로 쌓여 있었다. 이들의 합류로 세포이들의 항쟁은 더욱 거세졌다. 세포이들은 델리 곳곳에서 영국인들을 닥치는 대로 쏘아 죽이며 무굴 제국의 황제 바하두르 샤 2세가 있는 궁전으로 향했다.

"폐하, 저희의 지도자가 되어 무굴 제국을 다시 일으켜 주십시오!"

무굴 제국의 황제 바하두르 샤 2세는 세포이들의 요청이 내심 탐탁지 않았다. 황제의 권한을 버리는 대가로 영국에서 돈을 받아 호화롭게 생활하던 82세의 노황제는 이런 분란에 휩싸이는 것 자체가 내키지 않았던 것이다.

그러나 어떤 상황이라고 거절한단 말인가. 가뜩이나 영국의 꼭두각시라고 미움을 받던 터에 자칫하면 총칼로 무장한 세포이들에게 목숨을 잃을 수도 있었다.

바하두르 샤 2세는 마지못해 세포이들의 총사령관이 되겠다고 했다. 그리고 머지않아 영국의 지배가 끝날 것이라는 선언문을 만들어 인도 곳곳에 배포하도록 했다.

영국의 캐닝 총독은 그때까지도 사태의 심각성을 깨닫지 못했다.

그래서 영국에 이 사실을 알리지도 않은 채 인도 서북부의 펀자브에 주둔하고 있던 영국군 최고 사령관 앤슨 장군에게 항쟁 진압군을 파견하라고 명령했다.

앤슨 장군은 영국군 5,000명을 이끌고 항쟁의 진압에 나섰다. 하지만 때마침 창궐한 각종 전염병 때문에 제대로 싸워 보지도 못한 채 패하고 말았다.

그사이 항쟁의 불길은 델리에서 남동쪽으로 1,000킬로미터 떨어진 벵골까지 퍼져, 그곳의 일부 세포이들이 항쟁에 동참하기 위해 무기를 들고 델리로 향했다. 인도 북부 각지에서도 세포이들이 병기고를 습격하여 총을 들고 델리로 모여들자 인도인 병사 수는 삽시간에 3만여 명으로 불어났다. 항쟁은 점차 퍼져 무굴 제국에서 독립한 작은 나라 러크나우와 칸푸르에까지 번졌고, 이곳에 주둔하고 있던 세포이들은 총을, 민중들은 칼과 창을 들고 영국인들을 몰아냈다. 아요디아 지방에서는 영국에 토지를 빼앗긴 지주들과 무거운 세금에 신음하던 소작농들이 들고일어나 영국의 관청과 경찰서 등을 부수고 영국인을 몰아낸 뒤 빼앗긴 땅을 되찾았다.

당시 영국은 해외 식민지를 두고 러시아와 전쟁을 치르고 있었기 때문에 인도에 있는 영국 병사는 고작 4만 5,000여 명뿐이었다. 그에 비해 세포이는 무려 23만 8,000명에 이르렀고, 그보다 수백 배나 많은 민중들이 칼과 창을 들고 저항하고 있었다. 이들이 한꺼번에 단결해서 덤벼든다면, 영국의 인도 지배가 한순간에 끝날 수도 있었다.

캐닝 총독은 어쩔 수 없이 본국에 이 사실을 알리고 지원군을 보내 달라고 요청했다. 또 영국군의 주요 거점인 벵골과 펀자브 지역에서 세포이들이 항쟁에 가세하지 못하도록 무기를 빼앗아 버렸다. 브라만이 많았던 벵골은 심하게 요동쳤지만, 펀자브의 세포이들은 항쟁에 참여하지 않고 오히려 영국 편에 섰다. 인도의 북서쪽에 위치한 펀자브의 세포이들 가운데는 무굴 제국의 탄압을 받아 온 시크족이 많았다. 이들은 이슬람교와 힌두교가 혼합된 시크교를 신봉하고, 무굴 제국이 다시 부흥한다고 해도 자신들에게 이로울 것이 없다고 생각했다.

영국은 '민족을 괴롭힌 야만인 타도'라는 기치를 내걸고, 펀자브에 있던 영국군과 시크족 병사 4,200명을 이끌고 다시 델리로 쳐들어갔다. 델리를 빼앗아 영국의 위신을 되찾고, 영국군의 사기도 높일 셈이었다. 전쟁에서 잔뼈가 굵은 니콜슨 중장이 전면에 나섰다.

니콜슨은 60문의 대포로 카슈미르 문을 박살 내고 델리로 쳐들어가 닥치는 대로 세포이들을 쏴 죽였고, 포로로 붙잡힌 세포이들에게 강제로 돼지와 소의 피를 먹였다. 무고한 여자와 아이들까지 눈에 보이는 대로 난도질해서 죽였고, 포로가 된 세포이들에게 그 피를 닦게 했다.

잔인한 진압 끝에 니콜슨 중장은 결국 델리를 점령했다. 니콜슨은 즉각 무굴 제국의 황제 바하두르 샤 2세를 체포하여 유배시킨 뒤, 왕자들을 '영국인 살인범'으로 지목해 쏴 죽였으며, 무고한 델리 시민들까지 무자비하게 죽였다. 델리에서 벌어진 이 대학살극으로 무려 2만여 명의 사상자가 발생했다.

뒤이어 영국에서 지원군 5,000명과 작고 가벼우며 명중률이 높은 암스트롱포 등 신식 무기가 도착하자, 세포이들은 대포와 무차별적인 총격 앞에 처참하게 죽어 갔다. 영국군은 아요디아로, 러크나우와 칸푸르로 진격하여 싸울 무기라곤 구형 머스킷 소총밖에 없던 세포이들에게 대포를 쏘아 한꺼번에 죽여 버렸다.

이 무자비한 진압에 맞서 항쟁을 지속하려면 인도인들이 똘똘 뭉쳐 죽을 각오로 싸워야 했다. 그러나 항쟁의 목적이 인도의 독립이나 민중의 자유와 평등이 아니었다는 점이 근본적인 한계로 작용했다. 민중들은 이제껏 자신들을 착취했던 무굴 제국의 부흥이나 지배 왕조의 부활을 위해 더 이상 목숨을 바치려 하지 않았다. 이에 영국은 파죽지세로 항쟁을 진압해 나갔다.

삐뚤어진 복수심에 사로잡힌 영국군은 체포된 인도인 수백 명을 한꺼번에 목매달아 죽이고, 사람을 앞에 세워 놓고 대포를 쏘아 온몸이 산산이 날아가게 했다. 무고한 어린아이와 여자들도 잔인하게 죽였으며, 이미 진압된 지역에서조차 닥치는 대로 인도인들을 죽였고, 모든 마을에 불을 질렀다.

'악마의 바람'이 불었다. 많은 인도인들은 그때를 이렇게 기억했다. 이 잔인한 진압으로 수많은 인도인들이 목숨을 잃었고 지도자들은 처형되거나 실종되었다. 그렇게 메루트에서 시작해 인도 북부 전역으로 번지며 뜨겁게 타올랐던 세포이 항쟁은 서서히 그 불길이 꺼지며 막을 내리고 말았다.

인도에 대한 영국의 식민지 정책

17세기 들어 유럽 열강들은 앞다투어 인도에 동인도 회사를 세우고 후추, 면, 커피 등을 독점적으로 팔기 위해 전쟁을 벌였다. 이 전쟁에서 승리한 영국의 동인도 회사는 군대를 앞세워 인도의 무굴 제국을 정복하고 본격적으로 인도를 수탈하기 시작했다.

당시 인도의 면직물 산업은 세계 면직물 생산량의 절반 이상을 차지하고 있었다. 영국 동인도 회사는 이러한 인도의 면직물 산업을 무너뜨리고 이윤을 독차지하기 위해 영국산 수입 면직물에 낮은 관세를 매겨서 값싸게 인도에 내다팔았다. 반면에 인도에서 생산된 면직물의 수출을 막기 위해 무려 80퍼센트라는 높은 관세를 붙였다. 그 결과 영국의 면직물 수출은 700배나 증가한 반면, 인도의 면직물 산업은 완전히 무너지고 말았다.

영국 정부는 한술 더 떠서 무지한 인도인들을 일깨워야 한다며 영어 교육과 서양식 교육을 강요했다. 또한 인도의 독특한 문화와 종교를 무시하는 정책을 폈다.

전통 산업이 붕괴되고 문화와 종교마저 무시당하자, 인도인들은 1857년 메루트에서 일어난 세포이들의 항쟁을 계기로 곳곳에서 들고일어났다. 하지만 세포이 항쟁은 뛰어난 신무기를 앞세운 영국의 무자비한 진압으로 14개월 만에 막을 내리고 말았다.

영국은 이를 계기로 인도의 상업권과 행정권을 가지고 있던 동인도 회사의 문을 닫고, 인도의 종교나 문화에 위배되는 제도를 폐지

했으며, 인도인이 정치에 참여할 수 있게 했다. 그러나 이는 표면적인 변화였을 뿐, 영국의 인도 지배는 계속되었고 인도의 자원과 노동력은 계속 수탈당했다.

　인도는 그 후 간디 같은 뛰어난 지도자들에 의해 민중의 힘을 하나로 결집하면서 1947년 비로소 영국으로부터 독립할 수 있었다.

자연과 함께 싸웠던 아메리카 원주민의 리틀빅혼 전투

탕, 탕, 탕, 탕! 1876년 6월 25일 오후 3시, 리틀빅혼 강변의 아메리카 원주민 마을 남쪽에서 한낮의 정적을 깨는 총소리가 울려 퍼졌다. 마을은 순식간에 아수라장이 되었다. 원주민들이 사는 천막 티피가 총탄에 부서지자, 겁에 질린 여자들과 아이들은 미친 듯이 비명을 질러 댔다. 강가에서 말을 씻기거나 낮잠을 자던 남자들은 이미 총에 맞아 죽었고, 야생 순무를 캐러 서쪽 들판으로 나갔던 여자들은 총소리에 놀라 허겁지겁 마을 쪽으로 달려오고 있었다.

카빈총을 손에 든 미국의 리노 소령과 기병 부대 175명이 원주민 마을로 쳐들어온 것이다. 원주민들이 평화 조약을 깨고 백인을 공격했다는 이유에서였다.

그러나 조약을 먼저 깬 것은 황금에 눈이 먼 백인들이었다. 당시

리틀빅혼을 포함한 미국 중북부의 다코타 지역은 원주민 거주 지역으로 지정된 곳이었다. 백인들은 이곳을 침범하지 않기로 하고, 원주민들도 백인을 공격하지 않기로 했다.

그런데 1874년에 다코타 지역의 블랙힐스에서 금광이 발견되자 백인들이 몰려오기 시작했다. '풀뿌리에서도 금이 나올 정도로 많은 금이 매장되어 있다'는 소문까지 퍼지자, 1만 5,000명에 이르는 백인들이 몰려와 블랙힐스를 닥치는 대로 파헤쳤다. 블랙힐스는 원주민들이 가족의 행복과 평화를 기도하는 성지였지만, 백인들은 아랑곳하지 않았다. 이 때문에 푸르렀던 블랙힐스는 곧 황폐한 땅으로 변하고 말았다.

원주민들의 분노는 극에 달했다. 자신들의 터전을 빼앗으려는 미국 군대에 대항하기 위해 몇 달 전부터 리틀빅혼에 모여 있던 원주민들은 포악한 미군의 도발에 일제히 들고일어났다.

"우리의 신성한 땅을 짓밟고, 우리의 가족까지 짓밟으려 하는 백인들에게 본때를 보여 주자!"

리틀빅혼 일대의 원주민들을 이끌던 수족의 추장 타탕카 이요타케('앉은 황소'라는 뜻, 영어로는 시팅 불)는, 겁에 질려 떨고 있는 여자들과 아이들을 공격 지점에서 가장 멀리 있는 북쪽으로 안전하게 대피시키라고 명령했다. 마침내 미군과 일대 결전을 치르기로 한 것이다.

이윽고 전투 준비를 마친 수백 명의 전사들이 날쌔게 말 위로 뛰어올랐다. 그리고 타탕카 이요타케의 지휘 아래, 마치 벌통에서 쏟아져 나온 벌들처럼 미군 진영을 향해 쏜살같이 달려갔다. 실로 신속하기 그지없는 반격이었다.

리틀빅혼강을 따라 원주민 마을 남쪽 입구까지 도착한 리노 소령은 수백 명의 원주민들이 벌 떼처럼 몰려오는 것을 보고, 부하들에게 모두 말에서 내려 숲속에 말을 숨기고 가로로 늘어서 공격선을 형성하라고 명령했다. 이는 당시 미군의 일반적인 작전으로, 공격선을 넓게 벌려서 적들이 다가오기 전에 주요 무기인 카빈총으로 일제히 쏘아 죽일 셈이었다.

수백 명의 원주민 전사들은 오직 가족과 땅을 지키겠다는 마음으로 활과 도끼와 채찍을 들고 미군을 향해 달려갔다. 여섯 발을 연속으로 쏠 수 있는 신식 권총도 있었지만, 주된 무기는 활과 화살이었다. 리노 소령이 이끄는 기병 부대는 말에서 내려 공격선을 형성하고 100미터쯤 전진한 뒤, 약 360미터 거리를 남겨 두고 일제히 총을 쏘았다. 그러자 벌 떼처럼 달려오던 원주민 전사들은 활과 화살을 제대로 써 보지도 못한 채 일곱 발을 연달아 쏠 수 있는 카빈총 앞에서 픽픽 쓰러졌다.

타탕카 이요타케는 빗발치는 총알을 피해 전사들을 이끌고 서쪽으로 방향을 틀었다. 리틀빅혼의 서쪽에는 낮은 언덕이 있고 동쪽에는 리틀빅혼강이 길게 흐르고 있었는데, 강둑을 따라 말을 타고 달리기가 힘들었기 때문에 낮은 언덕이 있는 서쪽으로 방향을 튼 것이다.

이 선택이 행운을 가져왔다. 미군이 공격선을 가로로 넓게 벌리고 있었으므로 측면이 거의 무방비 상태였던 것이다. 가로로 길게 늘어선 공격선은 정면에서 다가오는 적들을 공격하기에는 유리하지만, 측면에서 다가오는 적을 막아 내기에는 몹시 불리했다. 원주민 전사들은 운 좋게도 이 공격선의 약점을 공략하게 된 셈이었다.

원주민 전사들은 말을 타고 불과 수십 초 만에 미군의 서쪽 측면에 도달했다. 그러자 리노 소령 부대는 서쪽 측면으로 공격선을 다시 배열하느라 우왕좌왕했다.

그때였다. 멀리서 삐익 하는 휘파람 소리와 함께 하늘을 울리는 말발굽 소리가 들려왔다. 수족의 한 갈래인 오글라라족의 추장이자 뛰어난 전사인 타슝케 윗코('성난 말'이라는 뜻, 영어로는 크레이지 호스)가 여자들과 아이들을 피신시킨 뒤, 수십 명의 지원군을 데리고 달려온 것이다.

타슝케 윗코가 이끄는 지원군은 서쪽 측면으로 전열을 다시 배열하느라 정신이 없는 리노 부대의 정면을 뚫고 나가 동쪽 측면을 공격했다. 그러자 리노 부대는 서쪽과 동쪽이 모두 포위되고 말았다.

"후퇴하라! 모두 후퇴하라!"

당황한 리노 부대는 뿔뿔이 흩어져서 말을 숨겨 둔 남쪽 숲으로 달아났다. 그리고는 나무와 두터운 덤불 뒤에 숨어서 원주민들의 추격에 간신히 반격하며 리틀빅혼강 쪽으로 밀려갔다.

그러나 강둑이 너무 비탈진 데다 물살이 세고 빨라서 수많은 미군들이 강을 건너다 물에 빠져 죽거나 크게 다쳤다. 겨우겨우 강을 건넌 미군들은 리틀빅혼강을 따라 솟아 있는 빅혼산으로 올라가 평평한 꼭대기에 모였다. 훗날 미국인들이 '리노 언덕'이라 부르게 되는 곳이었다.

175명의 부대원 가운데 이제 남은 병사는 불과 100여 명. 40명이 목숨을 잃었고, 13명이 부상을 당했으며, 16명은 숲에서 탈출하지 못했다. 전투가 시작된 지 불과 50분 만에 무려 70명에 가까운 병력을 잃은 것이다.

원주민 전사들은 숲에 숨어 있던 미군들을 찾아내어 해치우거나, 리노 언덕으로 기어 올라가 미군들을 추격했다. 그런데 언덕 저 아래쪽, 빅혼산맥의 북쪽 약초 오솔길 부근에 파란색 군복의 미군들이 어른거리는 것이 보였다. 지금 쫓고 있는 미군들 말고 또 다른 미군이 나타난 것이다. 문제는 그 길을 따라 내려가면 곧바로 여자들과 아이들이 피신해 있는 마을이 나온다는 점이었다.

원주민 전사 가운데 누군가 소리쳤다.

"여자와 아이들이 위험하다!"

미군들 가운데 일부는 벌써 약초 오솔길을 내려가고 있었다. 리노 소령의 패잔병들을 공격하던 원주민들은 당황해서 추격을 멈추었다.

약초 오솔길에 나타난 미군들은 커스터 중령이 이끄는 기병대로, 리노 소령 부대가 원주민 마을의 남쪽을 치는 사이에 마을 북쪽을 공격하기로 사전에 약속되어 있었던 것이다. 그러면 벤틴 대위가 나머지 병력을 이끌고 노새에 탄약을 싣고 다니면서 두 부대에 탄약을 공급해 주기로 되어 있었다.

"어서 마을로!"

타탕카 이요타케가 소리치자 원주민 전사들은 타슝케 윗코와 그를 따르는 전사들만 남겨 둔 채 황급히 마을 북쪽으로 달려갔다. 이대로 리노 부대원들을 두고 떠나면 그들이 다시 마을 북쪽으로 지원하러 올지도 모르기 때문에, 타슝케 윗코가 남아서 공격하기로 한 것이다.

한편 리노 소령이 남쪽에서 한창 원주민 전사들과 싸우고 있을 무렵, 약초 오솔길에서 진을 치고 기회를 노리던 커스터 중령은 원주민 마을의 규모가 매우 큰 것을 보고 몹시 당황했다. 마을에 족히 1만 명은 살고 있을 것 같았다. 그렇다면 들소 사냥으로 마을을 먹여 살리는 성인 남자들이 그만큼 많다는 뜻이었고, 그 수는 곧 전사들의 수를 의미했다. 원주민 남자라면 누구나 평소에는 들소 사냥으로 먹을거리를 구하고, 전쟁이 일어나면 용맹한 전사로 활약했다.

커스터 중령은 리노 소령을 도우러 간 벤틴 대위에게 즉시 지원을 요청하는 편지를 보냈다. 그러고는 자신의 군대를 둘로 나누어, 반은 능선에 남아 있게 하고 반은 약초 오솔길을 따라 진군하라고 명령했다. 벤틴 대위가 지원하려면 시간이 걸리기 때문에 절반이 먼저 공격하고 있다가, 벤틴 대위의 지원군이 오면 나머지 절반과 함께 공격을 퍼부을 작정이었다.

'저것은….'

약초 오솔길이 한눈에 내려다보이는 능선에서 병사들을 지휘하던 커스터 중령은 약초 오솔길 계곡 밑에서 먼지가 뽀얗게 일어나는 것을 보고 회심의 미소를 지었다.

'벤틴의 지원이 효과가 있었나 보군, 저들이 도망쳐 오는 것을 보면.'

당시 원주민과의 전쟁에서 승승장구했던 커스터 중령은, 설마 미군이 원주민들에게 밀릴 것이라곤 꿈에도 생각지 못했다. 그래서 원주민들이 벤틴의 지원을 받은 리노 부대에 쫓겨 도망쳐 오는 줄 알았던 것이다.

이제 약초 오솔길 밑에 있는 원주민들의 수는 커스터 중령 군의 수보다 세 배나 많아졌다. 그런데도 커스터 중령은 약초 오솔길을 따라 마을로 내려가던 군사들에게 공격 명령을 내렸다. 상황을 완전히 잘못 판단하고 원주민 전사들의 퇴각로를 막기 위해 무리하게 공격을 강행한 것이다.

그러자 패잔병들을 공격하다 말고 가족과 마을을 지키기 위해 달려온 타탕카 이요타케와 원주민 전사들은 사나운 폭풍처럼 미군을 향해 돌진했다. 미군에게는 총이라는 어마어마한 신식 무기가 있었지만, 단지 그뿐이었다. 사랑하는 가족을 지키기 위해 달려드는 원주민 전사들 앞에서 독일이나 아일랜드에서 온 가난한 이민자들로 구성된 커스터 중령 부대원들은 애당초 상대가 되지 못했다. 애국심이나 용맹함과는 거리가 먼 그들은, 군사 훈련조차 제대로 받지 못한 채 13달러의 월급과 잠자리, 푸짐한 식사 때문에 마지못해 군인이 된 이들이었다.

커스터 중령 부대는 10분도 채 되지 않아 원주민들에게 밀려 약초 오솔길에서 북쪽으로 이어진 골짜기 쪽으로 달아났다. 능선에서 전세를 살피던 커스터 중령은 부대원들을 돕기 위해 남아 있던 병력을 이끌고 북쪽으로 진격했다. 그런데 약 6.5킬로미터쯤 떨어진 칼훈 언덕에서 부대원들과 만났을 때, 그들 뒤로 1,500여 명의 원주민 전사들이 몰려오고 있었다. 커스터 중령 부대원보다 무려 일곱 배나 많은 수였다. 방금 전까지 약초 오솔길에 있던 원주민들 말고도 리틀빅혼 일대에 있던 원주민들이 자신들의 땅과 부족을 지키기 위해 몰려든 것이다.

"말에서 내려 대열을 만들어라!"

커스터 중령은 칼훈 언덕의 북쪽, 훗날 '전투 능선'이라 불리게 되는 곳에 전투 대열을 만들라고 명령했다. 병사들은 곧바로 말에서 내려 가로로 길게 늘어섰다. 병사들 중 일부는 대열 뒤에서 말들이 도망가지 못하게 고삐를 쥐고 있었다. 말안장에 총알이 들어 있었기 때문이다.

탕, 탕, 탕, 탕! 언덕 위에 길게 늘어선 미군 병사들이 1킬로미터 앞에서 달려오는 원주민들을 향해 총을 쏘기 시작했다. 그러나 원주민 전사들은 그대로 말을 달려 빗발치는 총알을 뚫고 미군 대열의 중앙을 갈랐다. 한 번에 일곱 발을 발사할 수 있는 카빈총으로도 코앞에서 달려오는 많은 수의 원주민들은 도저히 해치울 수 없었던 것이다.

중앙을 돌파한 원주민 전사들은 대열 뒤에서 말고삐를 잡고 있던 군인들을 단숨에 해치웠다. 그러자 고삐가 풀린 말들이 놀라 날뛰기 시작했다. 원주민 전사들은 총소리로 말 떼를 흥분시키고 담요로 길을 막으며 말들을 골짜기 밑으로 몰았다. 그러자 골짜기 밑에 있던 원주민 여인들이 말들을 붙잡아 안장에 있던 카빈총 탄알을 모두 거두어들였다. 커스터 중령 부대는 이제 더 이상 탄알을 구할 수 없게 되었다.

"와아!"

엎친 데 덮친 격으로 또 다른 원주민 전사들의 함성이 언덕 위에 울려 퍼지면서 상황은 미군에게 더욱 불리하게 돌아갔다. 빅혼산에 남아 리노 소령 부대의 패잔병을 공격하던 타슝케 윗코가 그곳을 다른 전사들에게 맡기고 지원하러 온 것이다.

살아남은 미군은 겁에 질려 '전투 능선'의 북쪽으로 허겁지겁 달아나기 시작했다. 600여 명의 병력과 카빈총이라는 신식 무기를 믿고 지형 조사도 제대로 하지 않은 채 전투에 나섰던 미군은, 그 드넓은 곳에서 어디로 가야 할지 몰라 무작정 원주민 전사들을 피해 북쪽으로만 달아났다.

이 일대를 손바닥처럼 훤히 들여다보고 있던 원주민들은 달아나는 미군들을 뒤쫓아 막다른 언덕 꼭대기로 내몰았다. 커스터 언덕. 훗날 커스터 중령의 이름을 따 그렇게 불리게 되는 언덕 꼭대기에서, 미군은 더 이상 도망갈 곳이 없다는 것을 깨달았다.

그러나 때는 이미 늦었다. 총알도 바닥났고, 지원을 요청했던 벤틴 대위에게서도 소식이 없었다. 벤틴 대위는 리노 부대를 도우러 갔다가 같이 고전하는 중이었다.

원주민 전사들은 커스터 중령 부대를 포위한 채 화살과 도끼, 미군에게 빼앗은 카빈총 등으로 닥치는 대로 공격했다. 마침내 약초 오솔길에서 전투가 시작된 지 두 시간도 되지 않아 210명에 달하는 커스터 중령 부대는 전멸하고 말았다.

원주민들의 대승이었다. 그러나 승리의 대가는 더없이 처절하고 잔혹했다. 전투에 진 미국이 원주민들을 상대로 대포와 기관총을 앞세워 잔인하게 보복한 것이다. 미군의 무차별적인 보복으로 수많은 원주민 부족이 몰살당했고, 용감하게 싸웠던 타슝케 윗코도 미군의 손에 잡혀 최후를 맞이하고 말았다.

그 잔인한 보복 앞에 끝내 무릎을 꿇어야 했던 날, 타탕카 이요타케는 미군들에게 다음과 같은 말을 남겼다.

"우리 조상들은 오래전부터 이 땅을 가지고 있었다. 내가 아버지의 땅에서 태어난 것이 잘못이냐? 내가 가진 것을 사랑한 것이 잘못이냐?"

아름답고 평온하던 아메리카의 대지에서 원주민들의 희망이 영원히 사라지는 순간이었다.

북아메리카 원주민들의 비극

1492년 10월 12일 콜럼버스가 아메리카 대륙을 발견한 이후, 아메리카 대륙이 기름진 땅과 막대한 금과 보석으로 가득하다는 소문이 퍼지면서 유럽의 강대국들이 앞다투어 군대를 보내기 시작했다.

북아메리카 원주민들은 낯선 백인들을 먼 곳에서 찾아온 손님으로 여기고 모피 같은 선물을 주며 친절히 대했지만, 콜럼버스가 아메리카에 발을 들여놓은 지 10년도 안 되어 수십만 명에 이르는 원주민들이 백인의 손에 목숨을 잃었다. 무기라고는 칼과 화살밖에 없었

블랙힐스
미국 사우스다코타주 남서부와 와이오밍주 북동부에 걸쳐 있는 산지. 블랙힐스의 러시모어산 정상에는 워싱턴, 제퍼슨, 링컨, 루스벨트 대통령의 조각이 새겨져 있다(사진 1). 하지만 아메리카 원주민의 슬픈 역사를 알게 된 조각가 코자크 지올코브스키는 27킬로미터 떨어진 곳에 원주민의 영웅 타슝케 윗코(크레이지 호스)의 얼굴을 조각하기 시작했다. 18미터 높이의 미국 대통령 상보다 훨씬 규모가 큰 이 조각상은 두상만 27미터이고, 완성시 예상 높이가 172미터나 된다. 1948년부터 조각하기 시작했으며, 현재는 코자크 지올코브스키의 자식들이 그의 뒤를 이어 조각하고 있다(사진 2).

던 원주민들은 대포와 총으로 무장한 백인 군대 앞에 속수무책으로 당할 수밖에 없었다.

 백인들은 원주민들에게 빼앗은 땅을 갈아엎어 목화 농장을 만들고, 황금과 보석을 찾기 위해 산과 들을 마구 파헤쳐 황폐하게 만들었다. 그리고 힘으로 빼앗은 원주민의 땅에 1776년 '아메리카 합중국(미국)'이라는 독립 국가를 세웠다.

 원주민들이 자신들의 땅을 지키기 위해 힘을 모아 저항하자, 위협을 느낀 미국은 영구적인 경계선을 긋고 서로의 땅을 침범하지 않는 평화 조약을 맺자고 했다. 하지만 얼마 가지 않아 미국은 조약을 깨고 무력으로 원주민들의 땅을 빼앗은 뒤 '원주민 보호 구역'을 만들어 그곳에 원주민들을 가두어 버렸다.

 오늘날 미국에 살고 있는 아메리카 원주민의 수는 전체 인구의 0.8퍼센트에 불과하고, 그나마도 대부분 보호 구역에 갇혀 살고 있다. 보호 구역의 원주민들은 자립을 꿈꿀 수 없다. 보호 구역의 땅은 불모지에 가까워서 농사를 지을 수 없고, 원주민들은 제대로 교육을 받지 못해 좋은 직장을 구하기도 어렵다. 그저 미국 정부가 제공하는 적은 생활비에 의지하여 근근이 살아가다 죽는 수밖에 없다. 현재 아메리카 원주민들은 고유한 문화와 삶의 방식을 잃어버린 채 미국의 하층민으로 전락하여 살고 있다. 원주민에 대한 탄압은 지금도 계속되고 있다.

청일 전쟁의 흐름을 바꾼
황해 해전

청일 전쟁이 일어나고 평양성에서 청나라*에 큰 승리를 거둔 일본은 해군의 주력 함대를 모아 연합 선단을 꾸리고 청나라의 북양함대를 찾아 나섰다. 군사 작전에 필요한 물자와 병력을 안정적으로 수송하고 장차 있을 대륙 진출을 준비하려면, 청나라와 조선을 이어 주는 황해를 장악해야 했다. 그런데 이 지역은 청나라의 북양함대가 점령하고 있었으므로, 양측의 충돌은 피할 수 없는 상황이었다.

마침내 1894년 9월 17일, 황해의 압록강 앞바다에서 일본 함대와 청의 북양함대가 만났다. 정오가 조금 지난 12시 50분, 청나라 북양

---

* **청나라** 중국의 마지막 왕조. 여진족 누르하치가 1616년에 후금을 세운 뒤 1636년에 국호를 청으로 바꾸었다. 외세의 침략과 무능하고 부패한 지배 계층 때문에 1911년 신해혁명으로 무너지고 이듬해에 중화민국이 세워졌다.

함대의 총사령관 정여창이 최초로 공격 명령을 내렸다.

"발포하라!"

북양함대의 함선 열네 척 가운데 어뢰정과 보급선을 뺀 열 척이 가로로 길게 늘어서 함포를 발사했다.

횡진. 배들이 가로로 늘어서는 이 진형은 28년 전 오스트리아 함대가 종진의 이탈리아 함대를 물리칠 때 사용한 뒤로 해전에서 널리 쓰이게 된 진형이었다. 청나라 함대가 자랑하는 아시아 최대의 철갑선 '진원호'와 '정원호'도 횡진에 맞게 설계되어 있었다. 뱃머리에 30센티미터 두께의 철갑도 뚫을 수 있는 대형 화포가 설치되어 있고, 적의 배를 깨뜨리기 위한 충각도 뱃머리 쪽에 달려 있었다.

정여창은 횡진 중앙에 주력 함선인 진원호와 정원호를 배치하고 양 끝으로 갈수록 약한 함선들을 배치했다. 함포 사격에 이은 충각 돌격 작전으로 일본군을 물리칠 계획이었다.

그런데 뜻밖의 일이 일어났다. 일본 함대의 배 열두 척이 꼬리에 꼬리를 물고 종진으로 청나라 함대 쪽으로 다가온 것이다. 일본 함선은 청나라 함선보다 크기가 작았지만 속도가 빨랐고, 최신식 무기인 암스트롱 속사포도 뱃전 쪽에 배치되어 있었다. 뛰어난 기동력을 이용해 청나라 함대를 포위한 뒤, 속사포로 집중 사격을 가해 청나라 함선들을 차례차례 격파하려는 의도였다. 일본 함대의 핵심 무기인 암스트롱 속사포는 진원호와 정원호에 실린 대형 화포보다 위력은 떨어졌지만 빠른 속도로 사격할 수 있다는 장점이 있었다.

세로로 긴 종진은 기동력은 뛰어나지만 너무 길면 뒤쪽에 있는 함선들이 지시를 받기 어려웠기 때문에, 일본군은 열두 척의 배를 유격대 네 척과 본대 여덟 척으로 나누어 지휘관을 따로 두었다. 본대보다 빠른 배로 이루어진 유격대는 부지휘관 쓰보이 고조가 이끌고, 유격대를 뒤따르는 본대는 총지휘관 이토 스케유키가 이끌었다.

언뜻 보기에 청나라 함선들은 크기와 성능이 제각각이었다. 아니나 다를까, 일본 함대를 향해 횡진으로 나아가던 청나라 함선들은 곧 대형이 무너지기 시작했다. 배들의 속도가 맞지 않아 대형의 양 끝이 뒤로 처지면서 중앙이 뾰족하게 튀어나온 것이다. 횡진 중앙과 양 끝 함선들 사이에 속도 차이가 나기도 했지만, 더욱 큰 이유는 횡진 끝에 있는 작은 함선들이 겁을 먹고 뒤로 처졌기 때문이었다.

일본군 총사령관 이토 스케유키는 이 광경을 보고 청나라의 진형에서 양 끝이 매우 약하다는 것을 알아차렸다. 그래서 유격대를 앞세워 먼저 청나라 함대의 왼쪽 끝을 향해 빠르게 다가갔다. 전투 능력이 뛰어난 청나라 중앙의 대형 함선들은 제쳐 두고 왼쪽 끝에 있는 작은 함선들을 먼저 치려는 계획이었다. 곧 청나라 함대의 왼쪽 끝에 있는 함선이 일본 유격대의 사정거리 안에 들어왔다.

"속사포를 발사하라!"

일본 유격대를 지휘하던 쓰보이 고조가 명령했다. 일본 유격대의 함선에서 1분에 열두 발까지 빠르게 연속해서 쏠 수 있는 암스트롱 속사포가 빗발치듯 포탄을 날려 보냈다. 청나라 함대의 왼쪽 끝에 있던 배 두 척이 불과 5분 만에 불길에 휩싸인 채 대열에서 떨어져 나갔다.

중앙의 주력 함선들에 적의 공격이 집중될 줄 알았는데 왼쪽 끝의 약한 함선들이 공격당하자, 청나라 지휘부는 몹시 당황했다. 북양함대 총사령관 정여창은 불길에 휩싸인 함선들을 바라보며, 주변에 있는 함선들에게 그 배들을 지원하라고 명령했다.

그러자 이번에는 이토 스케유키가 이끄는 본대 여덟 척이, 청나라 함대 중앙에 있는 정원호와 진원호를 향해 속사포를 퍼부었다. 당황한 청나라 병사들은 상부의 명령이 없었는데도 뱃머리에 있는 대형 함포를 발사했다. 그 바람에 함포 뒤쪽에 위치한 지휘부에 어마어마한 반동이 전해져 총사령관 정여창이 10미터나 튕겨져 나갔다.

속사포가 정신없이 쏟아지는 가운데 지휘관까지 제 위치를 지키지 못하자, 갑판 위는 아수라장이 되고 말았다. 설상가상, 정여창이 타고 있던 정원호의 돛대가 일본 함포에 맞아 부러졌다. 청나라 함대는 앞 돛대에 신호기를 달아 배들끼리 연락을 주고받았는데, 전투를 지휘해야 할 총사령관 함선의 돛대가 부러지자 지휘 체계가 무너지면서 모든 함선들이 우왕좌왕하기 시작했다. 더구나 정여창은 허리를 다쳐 제대로 서 있기도 힘든 상황이었다. 이제부터 청나라 함선들은 각자 알아서 일본 함대와 싸워야 할 판이었다.

일본 본대를 이끌던 총사령관 이토 스케유키는 이 기회를 놓치지 않았다.

"본대, 시계 방향으로 돌아라!"

이토 스케유키의 명령이 떨어지자, 일본 본대가 시계 방향으로 돌면서 청나라 함대의 뒤쪽을 포위했다. 그러자 청나라 함선들이 일제히 일본 본대를 향해 뱃머리를 돌렸다. 함포가 뱃머리에 달려 있었기 때문에 일본 함대를 공격하려면 다른 방법이 없었다.

그런데 이번에는 쓰보이 고조가 일본 유격대를 향해 명령했다.

"유격대, 시계 반대 방향으로 돌아라!"

그러자 본대보다 훨씬 빠른 유격대가 재빨리 시계 반대 방향으로 돌면서 청나라 함대의 앞을 포위했다.

공격 방향이 뒤쪽으로만 쏠려 있었던 청나라 함선들은 일본 함대에 앞뒤로 포위되자 당황해서 뿔뿔이 흩어졌다. 그 와중에도 일본 함대를 향해 함포를 쏘아 보았으나, 청나라 함대는 함포에서도 일본 함대를 이길 수 없었다. 우선 함포의 수가 246문 대 119문으로 일본이 월등히 많은 데다, 일본은 시간당 발사 수가 청나라 함포의 여섯 배에 이르고 명중률은 여덟 배에 이르는 최신식 무기 암스트롱 속사포를 가지고 있었다.

청나라 함선들은 이내 연기와 불길에 휩싸였다. 겁에 질려 달아나다가 일본군의 속사포에 맞아 침몰한 배도 있었다. 또 한 배는 일본 함대를 들이받으려고 충각을 앞세우고 돌진하다가 일본 함대로부터 집중포화를 맞고 침몰했다.

일본 함선들은 포위망을 더욱 좁힌 뒤 남아 있는 포탄을 모두 청나라 함선들을 향해 쏟아부었다. 더 이상 저항할 힘도, 포탄도 남아 있지 않았던 청나라 함대는 무려 한 시간 동안이나 일방적으로 공격을 받았다. 황해의 하늘은 일본 함대의 대포 소리와 청나라 병사들의 비명 소리로 가득 찼고, 얼마 지나지 않아 싸움은 일본의 일방적인 승리로 끝이 났다.

황해 해전. 청일 전쟁이 막판으로 치닫던 시기, 청나라 주력 함대와 한판 대결을 벌여 승리한 일본은 조선과 청나라 사이의 문물이 오가는 통로였던 황해를 장악함으로써 안정적인 병참로를 확보하고 대륙 진출의 발판을 마련했다. 국민들까지 광적으로 모금 운동에 나서 신식 함선과 함포를 사들이고 그에 맞춘 새로운 대형과 전술을 짜내며 혹독한 군사 훈련을 거듭한 결과였다.

청일 전쟁과 조선

1894년 봄, 동학 농민 운동이 일어나자 다급해진 고종은 청나라에 동학군을 진압할 군대를 보내 달라고 요청했다. 이에 청나라는 2,800명의 군사를 파병했다. 그러자 일본도 조선에 있는 일본인들을 보호한다는 명분 아래 8,000명의 군사를 파병했다.

동학 농민 운동이 진압된 후, 청나라는 조선에 파병한 군사들을 동시에 철수시키자고 일본에 제안했다. 하지만 일본은 조선에 대한 지배권을 확보하기 위해 청나라의 제안을 거부하고 경복궁을 불법 점령한 뒤 흥선 대원군과 김홍집을 앞세워 친일 정권을 수립했다.

그 뒤 일본은 조선에 주둔하고 있던 청나라군을 공격할 준비를 했고, 청나라군도 이에 맞서면서 조선을 무대로 청일 전쟁이 일어나게 되었다. 1894년 7월부터 1895년 4월까지 약 10개월 동안 벌어진 청일 전쟁은 신식 무기로 무장한 일본의 승리로 막을 내렸다.

이로써 전통적으로 동북아시아의 맹주였던 청나라는 쇠퇴의 길을 걷게 되었다. 새롭게 동북아시아의 강자로 떠오른 일본은 조선을 지배하기 위해 먼저 외교권과 행정권을 빼앗고, 1910년 8월 22일에는 합병 조약을 체결해 주권을 완전히 빼앗았다. 이로써 500년의 역사를 이어 온 조선은 일본의 식민지로 전락하고 말았다.

식민지 지배를 통해 일본은 조선의 광물과 농산물, 인력 등을 수탈하고, 조선의 전통과 문화, 언어를 말살하는 민족 말살 정책을 펴 나갔다. 조선에 대한 일본의 식민지 지배는 일본이 제2차 세계 대전에서 패배하면서 1945년 8월 15일에 비로소 끝이 났다.

제2차 세계 대전에서 가장 참혹했던
스탈린그라드 전투

1942년 8월 23일 밤, 스탈린그라드의 캄캄한 하늘에서 폭탄이 끝도 없이 쏟아져 내렸다. 약 2,000대의 독일군 폭격기가 인구 50만 명이 모여 사는 스탈린그라드에 무차별 폭격을 가한 것이다.

제2차 세계 대전이 한창이던 당시, 독일은 소련* 남부의 유전 지대인 캅카스 지역을 빼앗기 위한 블라우 작전을 펼치고 있었다. 비행기와 전차 같은 각종 기계의 연료인 석유를 차지하는 것은 독일군에게는 전쟁의 승리를 보장하는 발판인 동시에 소련의 힘을 빼놓을 수단이었다.

* 소련 정식 이름은 '소비에트 사회주의 공화국 연방'으로, 1917년부터 1991년까지 존속한 세계 최초의 사회주의 국가. 15개 나라로 이루어진 다민족 국가였으나 사회주의가 쇠퇴하고 연방이 해체되면서 러시아, 우크라이나, 벨로루시, 우즈베키스탄 등으로 분리되었다.

스탈린그라드는 전차와 장갑차를 비롯한 크고 작은 무기를 생산하는 군수 산업 도시로, 철도가 사방으로 연결되고 볼가강 물길이 지나가며 캅카스의 유전과 소련의 주요 지역을 이어 주던 교통의 요지였다. 히틀러**는 이러한 스탈린그라드를 장악하는 것이 블라우 작전의 성패를 가를 열쇠라고 생각했다. 스탈린그라드를 장악하지 못하면 캅카스를 차지하더라도 반격당할 위험이 있었으니, 캅카스를 안정적으로 지배하고 모스크바로 진격할 교두보를 확보하려면 스탈린그라드를 반드시 점령해야 했다. 그래서 히틀러는 블라우 작전에 동원된 병력을 반으로 나누어 일부는 스탈린그라드로 보내고 일부는 캅카스로 보낸 것이다.

어둠을 틈타 이루어진 기습적인 공격으로 스탈린그라드는 쑥대밭이 되었다. 무고한 시민 수만 명이 죽거나 크게 다쳤고, 건물들은 불타거나 무너져 내렸다. 전기를 공급하던 변전소가 파괴되어 도시 전체가 암흑으로 변했고, 집을 잃은 사람들이 거리로 쏟아져 나와 가족을 찾으며 울부짖었다.

폭격으로 폐허가 된 스탈린그라드로 독일군은 전차를 앞세우고 쳐들어왔다. 독일군은 일주일이면 스탈린그라드를 함락할 수 있으리라 믿었다. 그러나 저항은 예상보다 강했다. 스탈린그라드의 방어를 맡은 소련 62군은 목숨을 걸고 싸웠고, 공장 근로자들까지 나서 이

** **히틀러(1889~1945)** 1934년 독일 총통이 되었다. 독일 민족의 우수성을 내세워 독일이 세계를 지배해야 한다고 국민들을 선동해 1939년 제2차 세계 대전을 일으켰다. 전쟁 초기에 독일은 소련과 불가침 조약을 맺었으나 전쟁에서 승승장구하자 약속을 어기고 1941년에 소련을 침공했다.

제 막 만들어 도색도 되지 않은 전차를 몰고 저항했다. 스탈린그라드를 빼앗기면 모스크바도 결코 안전하지 못했기 때문이다.

스탈린그라드를 반드시 빼앗아야 하는 독일군과 기필코 지켜 내야 하는 소련군 사이에서 전투는 갈수록 치열해졌다. 양측의 전선이 너무 가까워 곳곳에서 백병전을 방불케 하는 시가전이 펼쳐졌다.

공격 목표 지점에 폭격을 가한 뒤 전차로 길을 뚫고 육군이 밀고 들어가는 방식의 전투는 스탈린그라드에서 통하지 않았다. 그때까지 모든 전장에서 위력을 발휘한 독일군의 전차는 무너진 건물의 잔해 때문에 이동하기가 어려웠고, 폭격으로 폐허가 된 시가지에서 소련군은 유인과 기습을 적절히 구사하며 독일군에 맞섰다. 10여 명이 한 조가 되어 기관총, 박격포, 화염 방사기, 수류탄 등으로 무장하고서 무너진 건물이나 지하실, 하수구 등으로 숨어들었다가 독일군이 나타나면 불시에 기습하거나, 깊은 밤 어둠을 틈타 소리 없이 공격했다.

칠흑 같은 어둠 속에서 느닷없이 기습해 오는 소련군 때문에 독일군들은 겁에 질렸다. 거의 뜬눈으로 밤을 지새우다시피 했고 바스락 소리만 나도 미친 듯이 방아쇠를 당겼다. 만약 스탈린그라드의 모든 건물에서 소련군이 이처럼 완강하게 버틴다면, 과연 살아서 고향으로 돌아갈 수 있을까? 적이 어디에 숨어 있는지도 모른 채 독일군은 도시 곳곳을 쥐 잡듯이 뒤지며 소련군을 찾아다녔다. 오죽하면 스탈린그라드 시가전을 '쥐들의 전쟁'이라고 불렀을까? 독일군은 언제 어디서 나타나 자신들을 공격할지 모르는 유령과 싸우고 있는 것 같았다.

1942년 9월 12일, 이 치열한 전투의 한복판에서 소련의 주석 스탈린*과 소련군 총사령관 주코프는 독일군을 섬멸하기 위해 비밀리에 엄청난 작전을 수립하였다.

가장 적당한 시기에 가장 효과적으로 적을 무찌른다는 천왕성 작전. 소련은 상대적으로 약한 독일군 전선의 측면을 잘라, 스탈린그라드에 투입된 독일군 주력 부대를 고립시킨 뒤 섬멸할 계획을 세웠다. 시기는 영국과 미국 연합군이 북아프리카에서 독일군에 대대적인 공격을 퍼붓기로 되어 있는 11월로 잡았다. 11월이라면 소련군은 반격을 위한 병력과 무기를 모을 시간을 벌 수 있고, 거꾸로 독일군은 북아프리카 전투 때문에 스탈린그라드에 식량과 무기, 병력을 지원하는 데 어려움을 겪을 것이다. 주코프는 이때를 노려 총공세에 나섬으로써 전세를 역전시키고자 했다.

관건은 11월까지 독일군을 스탈린그라드에 붙들어 둘 수 있느냐였다. 만에 하나 그 전에 독일군이 스탈린그라드를 함락하거나 본국으로 후퇴한다면, 작전은 실패로 돌아갈 터였다. 스탈린그라드에서 악전고투하며 시가전을 벌이던 소련 62군이 이 중대한 임무를 맡았다. 싸울 병사들이 턱없이 모자랐지만, 지원된 병력은 독일군의 공세를 근근이 버틸 정도밖에 되지 않았다. 소련군의 병력이 늘어나면, 독일군이 불리하다고 느끼고 후퇴할까 봐 일부러 지원을 줄인 것이다.

소련군은 부족한 병력을 엄격한 군율로 메웠다. 명령 없이 병사가

---

* **스탈린**(1879~1953) 1922년 소련 공산당 서기장이 되고 1941년에 주석이 되었다. 목적을 이루기 위해 아들까지 버린 냉혹한 인물로, 스탈린그라드 전투 때 싸우다 도망치는 아군은 쏘아 죽이라고 명령했다. 당시 소련 장군들은 독일군보다 스탈린을 더 무서워했다.

자리에서 벗어나면 그 자리에서 쏘아 죽였다. 기관총 사수는 자리를 지키기 위해 콘크리트 벽의 고리에 쇠사슬로 발목을 묶어 놓고 기관총을 쏘았으며, 총알이 떨어진 병사들은 칼이든 돌이든 망치든 무기가 될 만한 것이면 무엇이든 집어 들고 독일군에게 덤벼들었다.

이렇게 사지에 내몰린 소련군 병사들은 열에 일곱 명 꼴로 목숨을 잃었다. 10월부터는 추워지기 시작하면서 볼가강에 커다란 얼음 조각들이 떠다녀 보급마저 끊길 위기에 놓였다. 가뜩이나 병력이 부족한데 탄약과 식량까지 부족해지자 소련군은 점점 밀리기 시작했다. 결국 11월 초에 스탈린그라드는 독일군에 거의 점령당하고 말았다. 11월 9일, 독일의 히틀러는 뮌헨에서 "이미 스탈린그라드는 점령되었다"고 발표했다.

그사이에 소련은 스탈린그라드 주위로 은밀히 병력과 물자를 이동시켰다. 마침내 11월 19일 새벽, 소련은 대기하고 있던 각 부대에 암호 전문을 보냈다.

"가죽 장갑을 받으러 사람을 보내라."

드디어 천왕성 작전이 시작되어 100만이나 되는 소련군이 스탈린그라드로 진격한 독일군의 측면을 뚫기 시작했다.

독일군은 예비대까지 대부분 스탈린그라드에 투입한 상태였기 때문에 보로네시에서 스탈린그라드까지 연결된 측면이 몹시 약했다. 이 허약한 방어선을 지원하기 위해 이탈리아, 루마니아 등의 동맹군이 배치되어 있었지만, 소련군의 총공세에 맥없이 무너지고 말았다. 결국 스탈린그라드에 있던 독일군 33만 명은 천왕성 작전이 시작된

지 나흘 만에 소련군에 포위되고 말았다.

절박한 상황에서 독일군은 히틀러에게 탈출을 허락해 달라고 요청했지만 히틀러는 스탈린그라드를 포기하지 않았다.

"비행기로 보급품을 보내겠다. 어떤 희생을 치르더라도 반드시 그곳을 지켜라!"

결국 독일 병사들은 패배할 게 뻔한 전장을 지켜야 했다. 본국에서 비행기로 보급품이 날아왔지만 식량은 필요한 양의 5분의 1밖에 되지 않았고 총알만 추가로 지원되었을 뿐 대형 무기나 전차 등은 구경조차 할 수 없었다. 설상가상 추위까지 덮쳐 독일군은 추위와 굶주림에 시달려 서서히 죽어 갔다. 배고픔을 견디다 못해 가지고 온 말까지 모두 잡아먹었고, 동상에 걸려 죽는 사람도 속출했다. 크리스마스를 앞둔 12월 24일 하루에만 1,000명이 넘는 독일군이 얼어 죽거나 굶어죽었다.

그런데도 히틀러는 계속 싸우라고 명령했다. 이듬해 1월, 소련은 마지막 총공격에 나섰다. 7,000여 문의 대포들이 일제히 불을 뿜었고, 하늘을 새카맣게 뒤덮은 폭격기가 포탄을 수없이 쏟아부었다. 굶주림과 추위에 지쳐 있던 독일 병사들은 날아드는 포탄을 미처 피할 틈도 없이 공중으로 산산이 날아갔다. 하얀 눈이 덮인 벌판으로는 소련군 전차와 보병들이 물밀듯이 밀려들었다.

"항복은 있을 수 없다. 전원이 최후까지 싸워라!"

거듭되는 히틀러의 명령에 독일군 장군 두 명이 스스로 목숨을 끊었다. 병사들도 육체적으로나 정신적으로나 도저히 싸울 수 없는 상태였다.

1943년 1월 31일, 남아 있던 독일군은 히틀러의 명령을 어기고 항복을 선언했다. 스탈린그라드에 투입된 33만 명의 독일군이 겨우 9만 명으로 줄어들었을 때였다.

스탈린그라드 전투와 제2차 세계 대전

1939년 9월, 독일의 히틀러가 폴란드를 침공하며 제2차 세계 대전을 일으켰다. 독일은 막강한 전차 부대와 신식 전투기를 앞세워 단시간에 덴마크, 네덜란드, 벨기에, 프랑스 등 서유럽의 대부분을 점령했다.

서유럽의 강자인 영국은 충격에 빠졌고, 전쟁에 참여하지 않았던 미국도 불안을 느끼기 시작했다. 독일은 미국이 영국을 도울 엄두를 내지 못하도록, 소련을 침공해 힘을 과시하고자 했다.

하지만 독일은 스탈린그라드 전투에 지나치게 많은 병력을 투입하는 바람에 다른 전선에서 밀리게 되었다. 설상가상으로 스탈린그라드 전투마저 무참히 패함으로써 승승장구하던 독일군의 기세는 완전히 꺾이게 되었다.

반면, 반격의 기회를 잡은 연합군은 총공격에 나섰다. 영국과 미국 등으로 이루어진 연합군은 서부 전선에서 노르망디 상륙 작전을 성공시키며, 서유럽에서 독일군을 몰아내고 독일 본토로 밀고 들어갔다. 소련은 동부 전선을 맡아 독일을 공격했다. 연합군에게 완전히 포위된 독일은 1945년에 마침내 항복했다.

　스탈린그라드 전투는 독일군의 병력을 분산시키고 등등한 기세를 꺾어, 제2차 세계 대전의 흐름을 반전시킨 전투로 평가받고 있다. 또한 세계 전쟁 역사에 길이 남을 만큼 규모가 크고 처절한 사투를 벌인 최악의 격전 중 하나였다.

사상 최대의 육해공군 합동 작전,
노르망디 상륙 작전

1942년 11월 연합군은 튀니지에서 독일군을 몰아내고 시칠리아와 이탈리아 본토 상륙에 성공했다. 이로써 전쟁에서 유리한 고지를 점령한 연합군은 여세를 몰아 유럽 본토에서 독일군을 몰아낼 방법을 궁리했다.

마침내 1943년 12월 연합군은 미국의 아이젠하워*를 총사령관으로 임명하고 영국 해협을 건너 프랑스 북부 해안에 어마어마한 병력을 상륙시킨다는 계획을 세웠다. 목표 지점은 프랑스 북부 노르망디 해변. 노르망디는 해안 조건이 좋고 독일 국경까지 내륙 통로의 거리

* 아이젠하워(1890~1969) 북아프리카와 시칠리아 및 이탈리아 본토 상륙 작전을 성공적으로 이끌어 노르망디 상륙 작전의 총사령관이 되었다. 1953년부터 1960년까지 미국의 대통령을 지냈다. 군사 전략 수립과 조직 운영뿐 아니라 설득과 중재 능력도 뛰어나다는 평을 받았다.

가 짧으며 독일군의 방어가 비교적 허술하다는 점을 들어 연합군은 이곳을 상륙 지점으로 정했다. 각각 오마하, 유타, 골드, 주노, 소드라는 암호를 붙인 해변 다섯 곳에 미군과 영국군, 캐나다군이 상륙할 예정이었다.

작전 개시에 앞서 연합군의 공군은 상륙 작전 이후 목표 지점에 독일이 추가 병력을 투입하지 못하도록 1944년 봄 독일군이 점령하고 있던 프랑스에 대대적인 공중 폭격을 가했다. 폭격은 내륙 깊숙한 곳에서 해안 지역까지 광범위하게 이루어졌고, 이 과정에서 프랑스 해안 지역의 방어 시설과 수많은 다리와 철도, 도로 등이 파괴되었다.

연합군의 대공세에 독일군은 장차 프랑스 북부 해안에 연합군의 대규모 상륙 작전이 있으리라는 것을 눈치챘다. 하지만 프랑스 북부 해안은 길고도 길었다. 그중 어디를 어떻게 방어해야 적의 상륙을 막을 수 있단 말인가?

독일군 지휘부는 고민에 빠졌다. 결국 독일군은 영국 해협에서 가장 가까운 파드칼레 지역을 상륙 지점으로 예측했다. 만약의 사태에 대비해 프랑스 북부 해안 전체에 광범위하게 지뢰와 장애물, 말뚝, 방어 진지 등을 구축해 나갔지만, 파드칼레 지역을 제외하고는 방어 시설을 완성한 곳이 없었다.

그러던 6월 5일 밤 9시 45분, 영국 남부의 포츠머스 앞바다가 아이젠하워의 지휘 아래 노르망디로 진격하기 위한 연합군의 배들로 가득 찼다. 함선 1,200척, 상륙 주정(병력, 물자, 장비 따위를 육지로 나르는 작고 날쌘 배) 4,126척, 수송선 804척에 미국, 영국, 캐나다의 합동군 13

만 2,500명과 물 위와 땅 위에서 두루 쓸 수 있는 수륙 양용 특수 장갑차 및 불도저가 실려 있었다. 주변의 비행장에서는 항공기 1만여 대가 2만 3,500명의 병력을 태우고 바다를 건너기 위해 대기하고 있었다. 바야흐로 사상 최대 규모의 육해공군 합동 작전, 노르망디 상륙 작전이 시작된 것이다.

6월 6일* 자정 무렵, 연합군의 낙하산병들이 수송기에서 뛰어내리기 시작했다. 새벽 3시부터는 2,000대에 가까운 연합군 중장거리 폭격기들이 상륙 지점에 있는 독일군 방어 시설을 향해 두 시간에 걸쳐 포탄을 쏟아부었고, 바다를 건너온 연합군 함대는 맹렬히 함포를 쏘아 대기 시작했다. 상륙 주정이 함대를 출발해 해안에 도착하기까지 15분 동안 미군의 대형 폭격기 1,000대가 또다시 독일군 비행장과 포대, 해안 방어 기지에 폭격을 퍼부었다.

드디어 오전 6시, 미군이 로켓 상륙함의 엄호를 받으며 유타 해변에 상륙하는 것을 시작으로 오마하, 골드, 주노, 소드 해안으로도 속속 연합군 병사들이 들어왔다.

"큰일 났다! 적군이 해안으로 다가오고 있다!"

사태를 파악한 독일군은 방어 진지에서 소총과 기관총, 대포를 격렬하게 쏘아 댔으나 역부족이었다. 연합군은 끊임없이 밀려들었고 후방에서는 지원군이 오지 않았다. 독일군의 막강한 기갑 부대(전차와

* **6월 6일** 노르망디 상륙 작전 당시 연합군의 작전 개시일로 암호명이 '디데이 D-Day'였다. 원래 6월 5일로 정해졌으나 영국 해협에 20년 만에 큰 폭풍이 일어나 다음 날로 연기되었다. 어떤 계획을 실시할 예정일을 뜻하는 '디데이'라는 말이 여기에서 비롯되었다.

1944년 6월 6일, 오마하 해변에 접근 중인 상륙 주정

장갑차가 주력인 부대)도 노르망디에서는 도움이 되지 못했다. 덕분에 연합군은 목표로 삼은 다섯 곳 가운데 네 곳을 비교적 쉽게 점령했다.

그런데 오마하 해변에서는 예기치 못한 상황이 벌어졌다. 상륙을 맡기로 한 미군이 상륙 주정의 문을 열자마자 육지 쪽에서 총탄이 빗발치듯 날아온 것이다.

"드르르르륵! 드르르르륵!"

높고 가파른 절벽 위에 설치된 독일군 방어 진지에서 '히틀러의 전

기톱'이라 불리는 악명 높은 기관총 MG42가 분당 1,200발의 총탄을 퍼부어 대고 있었다. 연합군의 함대와 항공기에서 쏜 포탄이 오마하에서는 대부분 독일군 방어 진지의 뒤로 떨어져 별 다른 피해를 주지 못했던 것이다. 설상가상, 오마하에는 연합군이 알고 있는 것과 달리 독일군이 한 부대만 있는 것이 아니었다. 1944년 1월에 전투 경험이 풍부한 두 부대가 추가로 배치되었는데 연합군은 그 사실을 전혀 모르고 있었다.

더욱이 오마하 해변에서 미군은 해안에 설치된 장애물에 상륙 주정이 뒤집히지 않도록 장애물이 드러나 있는 썰물 때를 이용해 오전 6시부터 상륙을 시작했다. 그 때문에 병사들이 달려야 하는 거리가 길어져 피해가 더욱 커졌다. 상륙 주정에서 내린 뒤 파도를 헤치며 해안까지 450미터를 달려가는 동안 병사들은 독일군의 총탄에 끊임없이 쓰러져 갔다. 쏟아지는 총탄을 피해 상륙 주정 뒤에 숨어 있다가 독일군이 설치해 둔 수뢰가 폭발해 부대 전체가 목숨을 잃는 사태도 생겨났다. 해안 장애물을 없애기 위해 병사들과 함께 상륙했던 불도저 운전병들도 대부분 목숨을 잃었다. 눈앞에서 벌어지는 처참한 상황을 보고 상륙 주정에서 대기하고 있던 미군 병사들은 두려움에 떨었다.

"우리는 곧 죽을 거야."

병사들은 절망했다. 하지만 뒤쪽 바다에서는 또 다른 상륙 주정들이 병사들을 싣고 다가오고 있었으며, 더욱 많은 상륙 주정들이 넓은 바다 위를 빙빙 돌며 차례를 기다리고 있었다.

지휘관들이 소리쳤다.

"이 해안에는 이미 죽은 자와 곧 죽을 자뿐이다. 그렇다면 병사들이여, 무엇을 택하겠는가?"

선택의 여지가 없었다. 병사들은 싸우다 죽어 갔다. 오마하 해변의 물과 모래는 이내 미군 병사들의 피로 붉게 물들었다.

그런데도 미군 병사들은 계속해서 밀려들었다. 그만큼 수가 많았다. 결국 독일군은 지쳐서 물러났고, 미군들은 밤늦게 해안 점령에 성공했다. 1,200여 명의 미군 병사가 목숨을 잃었고, 다친 병사는 헤아릴 수 없이 많았으며, 실종된 병사도 많았다.

이날 하루, 노르망디 해안에서 모두 1만 명의 연합군 병사들이 목숨을 잃었다. 15만 명의 투입 병력 가운데 죽은 사람만 1만 명. 작전의 규모만큼이나 큰 피해를 보았지만, 어마어마한 병력 덕분에 연합군은 노르망디를 장악하는 데 성공했고 이를 발판으로 제2차 세계 대전을 승리로 이끌 수 있었다.

인류 역사상 가장 피비린내 나는 전쟁, 제2차 세계 대전

산업 혁명 이후 자본주의를 발달시킨 서구 열강들은 더욱 많은 이익을 얻기 위해 약소 민족을 침략해 해외에 막대한 식민지를 건설했다. 뒤늦게 산업을 발달시킨 후발 국가들까지 식민지 건설에 뛰어들면서, 해외 식민지를 둘러싸고 자본주의 국가들 사이에 다툼이 일어났다. 이것이 제1차 세계 대전이다.

제1차 세계 대전을 거친 뒤에도 해결되지 않은 갈등은, 1939년부터 1945년까지 세계의 거의 모든 강대국이 참가한 제2차 세계 대전으로 이어졌다. 독일, 이탈리아, 일본을 주축으로 한 동맹국과 영국, 프랑스, 미국, 소련, 중국을 중심으로 한 연합국이 맞서 싸웠으며, 유럽 대륙은 물론이고 아프리카와 아시아, 태평양과 대서양 등 세계 곳곳이 싸움터였다. 과학의 발전으로 전투기와 신식 전함이 개발되면서 전투는 지상에서뿐만 아니라 하늘과 바다에서도 이루어졌다.

결국 전쟁은 연합국의 승리로 끝났지만 피해는 엄청났다. 지상군을 투입하지 않고 적을 제압한다는 전략 아래 실시된 전투기의 공습은 군사 시설뿐만 아니라 민간인 지역에도 피해를 입혀 수많은 사람들이 목숨을 잃었다. 또한 일본의 항복을 받아 내기 위해 히로시마와 나가사키에 투하한 단 두 기의 원자 폭탄으로 10만 명 이상이 죽었다. 다른 인종에 대한 멸시와 증오가 팽배해져 약 600만 명의 유대인이 나치의 강제 수용소에서 목숨을 잃었다.

참전국인 일본의 지배를 받고 있던 우리나라는 강제 징용과 징집으로 많은 젊은이들이 전쟁터로 끌려가 노동을 하거나 전투를 벌여야 했고, 여성들이 전쟁터로 끌려가 일본군의 성적 노리개가 되기도 했다.

제2차 세계 대전 당시 다치거나 불구가 된 사람은 헤아릴 수도 없이 많고, 죽은 사람의 수만 줄잡아 4~5천만 명에 이른다고 한다.

미국을 궁지로 몰아넣은
베트콩의 구정 대공세

1961년 미군이 남베트남에 대규모 지원군을 보내기 시작한 이후, 베트남 전쟁은 어느 편도 결정적인 승리를 거두지 못한 채 지지부진하게 이어졌다. 그러던 1967년 여름, 북베트남의 국방 장관이자 군 참모 총장이던 보응우옌잡 장군은 결단을 내렸다.

"전쟁이 계속 이렇게 흘러가서는 안 된다. 구정을 기점으로 남베트남에 대공세를 퍼부어 미군을 몰아내고 남베트남 정부를 무너뜨리자!"

얼마 지나지 않아 남베트남에서 활동하던 베트콩들은 북베트남으로부터 비밀 지령을 받았다. 음력설인 구정을 기점으로 남베트남의 주요 도시를 공격해 남베트남 민중이 외세와 부패한 정권에 맞서 봉기를 일으키도록 하라는 내용이었다.

베트콩은 베트남 민족 해방 전선의 군사 조직으로, 그동안 도시 지역은 놓아두고 농촌 지역을 기반으로 게릴라전을 펼쳐 왔다. 그런데 구정 공세의 공격 목표는 사이공을 비롯한 베트남의 주요 도시 마흔 한 곳으로, 남베트남 정부군과 미군이 근거지로 삼고 있는 곳이었다.

"때는 왔다! 적의 심장부로 쳐들어가 목숨을 걸고 싸우자! 민족의 통일을 가로막는 외세를 물리치고 무능하고 부패한 남베트남 정권을 무너뜨리자!"

베트콩들은 주먹을 불끈 쥐었다.

그 뒤 북베트남 정부는 베트콩을 지원하기 위해 남베트남 정부군과 미군의 방어선을 뚫고 호찌민 루트*를 통해 병력과 무기를 공급했다. 한편으로는 미군과 남베트남 정부군을 혼란에 빠뜨리기 위해 군사 분계선 근처 미군 기지를 대대적으로 공격했다.

북베트남의 움직임이 심상치 않다고 여겨 촉각을 곤두세우고 있던 미국과 남베트남 정부는 군사 분계선 근처에 대대적으로 병력을 투입해 장차 있을지도 모르는 대공세에 대비했다.

그러는 사이에 시간은 흘러 1968년 구정 연휴가 되었다. 남베트남 정부는 구정 기간인 1월 29일 오후 6시부터 1월 31일 오전 6시까지 휴전을 선언하고 병사들의 외출과 외박을 허락했다. 베트남 말로

---

* **호찌민 루트** 라오스, 캄보디아와 접한 국경을 따라 북베트남에서 남베트남에 이르는 비밀 보급로. 산악과 정글 지대에 숨겨져 있어 원하는 곳까지 은밀하게 이동할 수 있었다. 베트남 전쟁 기간에 북베트남과 베트콩이 통신과 병력 및 무기의 수송에 이용하였다. 동서남북으로 그물망처럼 연결되어 있어 길 전체를 이어 붙이면 지구 둘레의 절반에 이른다고 한다.

'뗏'이라고 하는 구정은 베트남 민족에게 가장 중요한 명절이라 남북 베트남은 이 시기에 으레 휴전 기간을 가졌다.

남베트남의 도시들은 고향을 찾는 사람들로 분주했다. 버스는 승객이 많아서 문을 닫을 수 없을 지경이었고, 검문소들은 혼잡을 줄이기 위해 버스를 검문 없이 통과시켰다. 이 틈을 노려 베트콩들은 도시로 속속 숨어들었다. 더러 남베트남 정부군으로 변장해 검문을 피하는 이들도 있었다. 무기와 탄약은 여자들과 아이들이 야채 수송 차량이나 장례식을 가장한 관, 나룻배에 숨겨 운반했다. 이들은 전쟁에서 남편이나 자식, 아버지를 잃은 베트콩 가족으로, 전투원은 아니었지만 자발적으로 싸움에 참여했다.

따지고 보면 베트콩 대부분이 그랬다. 대부분 농사를 짓는 농민 출신이었고, 미국과 남베트남 정부의 잘못된 정책에 저항해 가족이나 친구끼리 베트콩에 가입해 전사가 되었다. 농촌 지역에서 베트콩 소탕 작전을 실시할 때 미군과 남베트남 정부군은 민간인과 베트콩 전투원을 가리지 않았다. 베트콩의 근거지로 의심되는 곳이면 어디든 서슴지 않고 네이팜탄으로 불태우거나 폭격을 가해 마을을 파괴하고 주민들을 죽였다.

그래도 베트콩들은 꺾이지 않았다. 꺾이기는커녕 더욱 힘을 키워 나갔다. 베트콩 하나가 죽으면 가족이나 친구 중에서 더욱 많은 사람들이 베트콩이 되어 목숨을 걸고 싸웠다.

그리고 이제 이들은 기나긴 전쟁을 끝낼 수 있는 결정적인 승리를 거머쥐기 위해 근거지를 벗어나 도시로 들어가는 모험에 나섰다. 구정 대공세에 나선 베트콩 전사들은 초조하게 작전 시간이 다가오기를 기다렸다.

마침내 구정 당일 새벽, 남베트남의 도시 전역에서 설맞이 폭죽놀이가 시끄럽게 펼쳐지는 가운데 베트콩의 기습 공격이 시작되었다.

"펑! 펑!"

"탕! 탕!"

"쾅! 쾅!"

총소리가 폭죽 소리에 묻혀, 남베트남 사람들은 처음에 무슨 일이 일어났는지 알지 못했다. 그사이에 베트콩들은 사이공 시내까지 들어가 대통령 궁을 기습하고, 국영 방송국을 점령했으며, 미국 대사관의 철근 콘크리트 벽을 폭파하고 관내로 들어가 성조기를 내린 뒤 베트콩의 삼색기를 휘날렸다. 초기 전투에서 베트콩은 잇달아 작전을 성공적으로 수행해 나갔다.

그러나 승리의 시간은 길지 않았다. 구정 대공세에 나선 베트콩의 병력은 북베트남에서 온 지원병까지 모두 합쳐 8만 명 정도였다. 40만에 이르는 미군 병력과 그에 버금가는 남베트남 정부군을 상대하기에는 턱없이 부족한 수였다. 베트콩들은 시간이 흐를수록 미군과 남베트남 정부군에게 밀렸다. 대공세를 실시하면 남베트남 민중들이 이에 호응해 들고일어날 것이라고 보았던 보응우옌잡 장군의 계산도 빗나갔다. 남베트남의 도시 주민들은 숨을 죽인 채 나와 보려고도 하지 않았다.

결국 대부분의 장소에서 베트콩들은 2, 3일 만에 완전히 소탕되었다. 전투가 한 달 가까이 계속된 사이공과 리에서도 베트콩들은 결국 패배했다.

바로 이 전투가 그 유명한 구정 대공세다. 구정 대공세는 군사 전술상 완전히 실패한 작전이었다. 작전에 투입된 베트콩 병력의 절반에 가까운 3만 4,000여 명이 죽고 5,800여 명이 사로잡혔다. 이때 간부들이 대부분 죽거나 사로잡힘으로써 베트콩은 조직을 다시 일으켜 세울 힘마저 잃고 말았다.

그런데 상황은 뜻하지 않은 방향으로 흘러갔다. 미국은 평소에 지원한 사람만 군대에 가는 지원병 정책을 펴고 있었다. 그런데 베트남에서 전쟁을 수행하며 병력이 많이 필요해지자 18세부터 25세 사이의 남자들 가운데 신체검사를 통과한 사람은 무조건 군대에 가야 하는 징집 제도를 실시했다. 결국 수많은 젊은이들이 자기 뜻과 관계없이 베트남으로 가서 전쟁을 수행해야 했고, 가족을 전쟁터로 보낸 많은 국민들이 불안에 떨었다.

이러한 국민들을 향해 미국의 존슨 대통령은 전쟁이 곧 끝날 것이라며 계속 거짓말을 했다. 그러나 아무리 기다려도 전쟁은 끝나지 않았고, 병사들과 전쟁 물자가 베트남으로 끝도 없이 투입되었다. 급기야 구정 대공세가 일어나 모든 미국 국민들이 신문과 텔레비전을 통해 사이공에 있는 미국 대사관에 베트콩의 삼색 깃발이 나부끼는 장면을 보게 되었다. 베트콩이 남베트남의 수도 한복판에 있는 미국 대사관까지 버젓이 공격하는 마당에 전쟁이 어떻게 곧 끝날 수 있단 말인가? 미국 국민들은 비로소 속았다는 것을 깨달았다.

그 무렵에 미국은 베트남에서 죄 없는 민간인들을 죽이고 있다는 사실이 알려지면서 전 세계의 비판을 받고 있었다. 그런 마당에 전쟁이 언제 끝날지 모른다는 사실을 확인하게 되자 미국 국민들은 정부에 등을 돌렸다.

"잘못된 전쟁을 집어치워라!"

"우리는 평화를 원한다!"

"얼마나 더 많은 사람이 죽어야 이 전쟁을 끝낼 생각인가?"

수많은 젊은이들이 거리로 몰려나와 전쟁을 반대하는 구호를 외치고 징집 번호가 적힌 종이를 불태웠다.

결국 미국 정부는 여론에 밀려 베트남에서 군사를 철수하기로 결정했다. 1973년 남베트남에서 미군이 모두 물러가자, 1975년 5월 북베트남과 베트콩은 남베트남을 완전히 장악했다. 이로써 베트남에서 20년 가까이 계속된 전쟁은 끝이 났고, 이듬해 7월 '베트남 사회주의 공화국'이라는 통일 정부가 들어섰다. 실패한 전술이 결국 전쟁의 승리를 이끈 것이다.

베트남 전쟁은 왜 일어났을까?

제2차 세계 대전이 끝난 뒤 베트남 독립 동맹인 베트민을 이끌던 호찌민은 프랑스로부터 베트남의 독립을 선언했다. 프랑스가 이를 인정하지 않자, 호찌민은 베트민을 이끌고 프랑스와 전쟁을 벌였다.

전쟁이 베트민의 승리로 끝나면서 1954년 제네바 협정이 맺어졌다. 협정에 따라 프랑스는 물러나고 베트남에는 자유 총선거에 따라 정부가 들어서기로 되어 있었다.

그런데 이번에는 미국이 끼어들었다. 미국은 인도차이나 반도가 공산화되는 것을 막으려면 베트남을 미국의 영향력 아래 두어야 한다고 생각했다. 호찌민은 공산주의자였고 베트민은 공산당이 이끄는 조직이었다. 결국 미국은 남베트남에 친미주의자 응오딘지엠을 총리로 세운 뒤 선거를 거부하게 했다. 이로써 베트남은 북위 17도선을 경계로 호찌민이 이끄는 북베트남과 응오딘지엠이 이끄는 남베트남으로 분단되었다.

이때부터 베트남 전쟁이 시작되었다. 정치적인 방법으로 통일이 불가능하다고 생각한 북베트남 정부가 무력으로 남베트남 정부를 무너뜨리기로 결정했고, 여기에 남베트남 정부의 실정에 반발해 조직된 베트콩들이 반정부 게릴라전을 펼치기 시작한 것이다.

처음에 미국은 군사 고문단을 파견하고 물자를 보내 남베트남 정부를 도왔다. 그러나 무능하고 부패한 남베트남 정부는 베트콩의 세력 확대를 막지 못했다. 그러자 미국은 대규모 군사를 파병해 베트남 전쟁에 전면적으로 개입했다. 그리고는 압도적인 화력을 바탕으로 북베트남을 공습하고 남베트남의 농촌 지역에서 대대적인 베트콩 소탕 작전을 벌였다.

그러나 베트콩은 뿌리 뽑히지 않았다. 오히려 미군이 민간인을 학살하고 민간인 마을을 파괴한 사실이 알려지면서 미국은 전 세계로부터 비판을 받게 되었다. 1968년 베트콩의 구정 대공세로 인해 국내 여론마저 나빠지자, 미국 정부는 베트남에서 군사를 철수시켰다. 명분 없는 전쟁에서 마침내 발을 뺀 것이다.

참고 문헌·사진 출처

백과사전
브리태니커백과사전
두산백과사전

도서 자료
김성남, 《전쟁으로 보는 중국사》, 수막새, 2005.
김충영, 《전쟁영웅들의 이야기-고대 동양편》, 두남, 1997.
김충영, 《전쟁영웅들의 이야기-고대 서양편》, 두남, 2005.
노병천, 《세계 격전지 현장 답사기》, 연경문화사, 1996.
니콜라스 세쿤다, 정은비 옮김, 《마라톤 BC 490》, 플래닛미디어, 2007.
도널드 케이건, 박재욱·허승일 옮김, 《펠로폰네소스 전쟁사》, 까치, 2006.
로버트 M. 어틀리, 김옥수 옮김, 《시팅불-인디언의 창과 방패》, 두레, 2001.
리처드 오버리, 유한수 옮김, 《스탈린과 히틀러의 전쟁》, 지식의풍경, 2002.
베빈 알렉산더, 김형배 옮김, 《위대한 장군들은 어떻게 승리하였는가》, 홍익출판, 2000.
송정남, 《베트남의 역사》, 부산대학교 출판부, 2000.
스탠리 레인 풀, 이순호 옮김, 《살라딘》, 갈라파고스, 2003.
스티븐 배시, 김홍래 옮김, 《노르망디 1944》, 플래닛미디어, 2006.
아드리안 골즈워디, 강유리 옮김, 《로마전쟁영웅사》, 말글빛냄, 2005.
여명협, 신원봉 옮김, 《제갈량 평전》, 지훈, 2007.
윌리엄 위어, 이덕열 옮김, 《세상을 바꾼 전쟁》, 시아출판사, 2001.
육군사관학교, 《세계전쟁사》, 황금알, 2004.
육군사관학교, 《세계전쟁사 부도》, 황금알, 2007.
이내주, 《서양무기의 역사》, 살림, 2006.
존 워리, 임웅 옮김, 《서양 고대 전쟁사 박물관》, 르네상스, 2006.
제프리 우텐, 김홍래 옮김, 《워털루 1815》, 플래닛미디어, 2007.
조길태, 《인도사》, 민음사, 2000.
패트릭 하워스, 김훈 옮김, 《훈족의 왕 아틸라》, 가람기획, 2002.
팽세건, 김순규 옮김, 《몽골군의 전술, 전략》, 국방군사연구소, 1997.
해양전략연구부, 《세계 해전사》, 해군대학, 1999.
헤르베르트 네테, 이은희 옮김, 《잔 다르크》, 한길사, 1998.

잡지
《밀리터리 리뷰》 통권 제24호(2005.9) p106~113, 군사연구, 2005.

논문
강호태, 〈군사사 연구 총서 제4집-스탈린그라드 전투〉, 국방부, 2004.
박영준, 〈명치 시대 일본 군대의 형성과 팽창〉, 국방군사연구소, 1997.

인터넷 사이트
국방일보 http://kookbang.dema.mil.kr/

사진
수록된 사진들은 Wikimedia Commons를 이용했습니다.
퍼블릭 도메인은 따로 표기하지 않았습니다.

라오콘 군상 ⓒ Peter Zaharov / Shutterstock.com
블랙힐스 사진1 ⓒ Andriy Blokhin / Shutterstock.com
　　　　사진2 ⓒ Glenn Perreira / Shutterstock.com